Ollie Russell

Sabine Werner

Albert Einstein

Redaktion: Jacqueline Tschiesche
Projektleitung und Graphik: Nadia Maestri
Computerlayout: Maura Santini
Illustrationen: Fabio Visintin
Bildbeschaffung: Laura Lagomarsino

Erstausgabe: Januar 2006

Wir würden uns freuen, von Ihnen zu erfahren, ob Ihnen dieses Buch gefallen hat. Wenn Sie uns Ihre Eindrücke mitteilen oder Verbesserungsvorschläge machen möchten, oder wenn Sie Informationen über unsere Verlagsproduktion wünschen, schreiben Sie bitte an:

www.cideb.it

CISQ CISQCERT
TEXTBOOKS AND TEACHING MATERIALS
The quality of the publisher's design, production and sales processes has been certified to the standard of
UNI EN ISO 9001

ISBN 978-88-530-0485-7 Buch + CD

Gedruckt in Genua, Italien, bei Litoprint

Inhalt

FIT 2 Mit Übungen zur Vorbereitung der Prüfung Fit in Deutsch 2

Die CD enthält den vollständigen Text

Das Symbol kennzeichnet den Anfang der Hörübungen

KAPITEL **1**

Der kleine Albert

Ulm 1879.

Pauline Koch-Einstein ist noch jung, erst einundzwanzig. Da wird sie Mutter eines Sohnes: Albert.

„Mein Gott, ist der dick!" findet Paulines Mutter, Alberts Großmutter.

Aber das Kind ist nicht dick, nicht dicker als andere Babys auch.

Nur sein Kopf ist groß, sehr groß und breit.

„Ist er vielleicht nicht normal?" fragt sich Pauline. „Ein zurückgebliebenes[1] Kind?"

Doch das ist es nicht. Es ist der Kopf eines großen Denkers, des größten Physikers der Zeit.

1. **zurückgeblieben** : nicht normal, langsamer als die anderen.

Hermann Einstein
Pauline Koch-Einstein

Albert Einstein

München 1887.

Albert ist acht Jahre alt. Er ist schweigsam [1] und schüchtern [2].

„Mein Sohn kriegt den Mund nicht auf [3]“, sagt sein Vater. „Ich frage mich oft: ist er nun schüchtern oder hat er einfach nichts zu sagen?“

„Du meinst, unser Sohn ist dumm?“ fragt die Mutter.

Der Vater antwortet nicht. Was er denkt, ist klar.

Doch die Mutter ist anderer Meinung.

„Das siehst du falsch“, sagt sie. „Albert spricht wenig, aber er ist sicher nicht dumm. Er denkt einfach viel nach [4]. Eines Tages ... nun, vielleicht wird er noch Professor.“

Die Mutter hat Recht. Albert denkt viel nach.

Zu Hause führt [5] Albert ein glückliches Leben. Vater, Mutter und Schwester sind immer aufmerksam [6] und lieben den Jungen sehr. Und auch er liebt seine Familie und sein Leben zu Hause.

Unter den anderen Kindern, auch in der Schule, hat er keine Freunde.

Nur mit einem Erwachsenen [7] freundet Albert sich an [8]. Es ist der Bruder seines Vaters, Onkel Jakob.

Bei Onkel Jakob lernt der kleine Albert die Mathematik kennen.

1. **schweigsam** : spricht wenig.
2. **schüchtern** : findet nicht leicht Kontakt, wird schnell rot.
3. **aufkriegen** : aufmachen (können).
4. **nachdenken** : reflektieren.
5. **ein Leben führen** : leben.
6. **aufmerksam** : (*hier*) nett.
7. **r Erwachsene** : ist kein Kind mehr.
8. **sich anfreunden** : Freunde werden.

„Die Mathematik", erklärt ihm Jakob, „ist ein Spiel. Man sucht etwas, kann es aber nicht finden. Was? Sagen wir ein Tier: einen Hund, einen Tiger ... Das Tier nennen wir x. Das müssen wir suchen, manchmal sehr lange, und am Ende finden wir es. Meistens."

Das Spiel gefällt Albert. Es gefällt ihm sehr gut.

„Wir sehen uns das Spiel zusammen an, dann machst du ein paar Übungen und ich korrigiere sie, einverstanden?"

„Ja, Onkel Jakob." Albert ist einverstanden. „Zusammen finden wir das Tier!"

„Heute Abend kommt ein Student zum Essen", sagt die Mutter.

Das ist nichts Neues.

An einem Abend der Woche haben sie immer einen Gast zum Abendessen, meistens einen armen Studenten. Das ist Tradition bei jüdischen [1] Familien.

Diesmal ist es ein Medizinstudent. Er heißt Max Talmey.

Er erzählt viel von seinen Studienfächern: Chemie, Biologie, Anatomie.

„Willst du nicht auf dein Zimmer gehen?" fragt die Mutter den kleinen Albert. „Das ist doch noch nichts für dich."

Albert antwortet nicht. Er bleibt sitzen und hört dem Studenten zu.

Nach dem Essen steht Albert auf und gibt Max die Hand.

„Vielen Dank für den schönen Abend. Das war wirklich alles

1. **jüdisch** : Konfession.

sehr interessant."

„Findest du wirklich?" Max wundert sich [1].

Er kommt dann öfter zum Essen. Immer wieder spricht er mit dem kleinen Albert.

„In dem Alter [2]", sagt Max den Eltern, „interessieren sich Kinder sonst nicht für Wissenschaften [3]. Aber Albert ist anders als die anderen. Er ist intelligenter, viel intelligenter."

Max macht der Familie einen Vorschlag: „Ich will mich um den Jungen kümmern [4]. Lassen Sie mich sein Lehrer sein, nach der Schule. Dort lernt er zu wenig."

Die Eltern sind einverstanden.

Jetzt hat Albert einen Lehrer.

Max bringt Albert Mathematik bei [5]. Aber bald weiß Albert mehr als sein Lehrer. Da ist er dreizehn. Es ist kurz nach den Sommerferien.

„Gut", sagt Max. „Das soll genügen. Sprechen wir über etwas anderes. Was hältst du zum Beispiel von [6] ... Philosophie? Von Kant?"

Was für eine Frage!

Albert ist Feuer und Flamme [7].

Mit Max' Hilfe öffnet sich eine neue Welt.

1. **sich wundern** : etwas Neues und Besonderes sehen.
2. **s Alter** : wie alt jemand ist.
3. **e Wissenschaft(en)** : Mathematik, Chemie, Physik sind Wissenschaften.
4. **sich kümmern um** : für etwas oder jemanden alles Wichtige tun.
5. **jdm. etwas beibringen** : jdn. etwas lehren.
6. **halten von** : denken über.
7. **Feuer und Flamme** : (*idiomatisch*) voll Enthusiasmus.

Lesen

1 Was ist richtig (R)? Was ist falsch (F)?

		R	F
1.	Als Baby hat Albert einen großen Kopf.	☐	☐
2.	Mit acht spricht Albert viel.	☐	☐
3.	Alberts Vater ist Professor.	☐	☐
4.	Albert ist mit seiner Familie zufrieden.	☐	☐
5.	Er hat in der Schule viele Freunde.	☐	☐
6.	Sein bester Freund ist sein Onkel Jakob.	☐	☐
7.	Albert spielt mit seinem Onkel und mit Tieren.	☐	☐
8.	Albert mag Mathematik sehr.	☐	☐
9.	Mit Max Talmey lernt Albert viel.	☐	☐
10.	Mit Max Talmey spricht Albert über den Philosophen Kant.	☐	☐

2 Was weißt du über Max Talmey? Warum ist er im Leben von Albert wichtig? Ergänze den Text.

Max Talmey ist ein Medizin............ . Er ist eines Abends .... bei den Einsteins. An der Universität studiert er ...., ... und .... Albert zeigt sich sehr interessiert. Von diesem Tag an wird Max Talmey sein .... Bald weiß Albert aber mehr als er und dann beginnen sie über .... zu sprechen.

3 Wer ist Immanuel Kant?

ein Mathematiker – ein Philosoph – ein Komponist

Wortschatz

1 **Ergänze mit den Verben *erzählen, sprechen, erklären, sagen, fragen, einen Vorschlag machen*.**

1. Max Talmey .... viel von seinem Studium.
2. Albert .... sehr wenig und sein Vater .... sich: „Ist mein Sohn normal?“
3. Onkel Jakob .... seinem Schüler die Mathematik und was .... Albert?
4. Ich .... euch .... : „Warum gehen wir nicht ins Kino?“

2 **Was ist das Gegenteil von?**

1. schüchtern	a. intelligent	b. extrovertiert	c. interessant
2. breit	a. eng	b. klein	c. lang
3. dumm	a. schweigsam	b. gesprächig	c. intelligent
4. dick	a. lang	b. schlank	c. arm
5. glücklich	a. zufrieden	b. kurz	c. traurig

3 **Hund, Tiger .... Kennst du andere Tiernamen? Schreibe den richtigen Namen unter das Bild.**

....

Grammatik

1 Ergänze mit *zu, zum* oder mit ✗.

1. Heute ist Freitag. „Max Talmey kommt .... Essen“, sagt die Mutter.
   „Heute? .... Mittagessen oder .... Abendessen?“ fragt der Vater.
   „.............. Abendessen, natürlich.“
2. Albert hört Max Talmey zu. Er hört gern zu, aber er hat nicht viel .... sagen.
3. Das Essen ist zu Ende. „Möchtest du nicht auf dein Zimmer .... gehen?“ fragt die Mutter. „Darf ich noch .... bleiben?“ fragt Albert.
4. Max Talmey macht einen Vorschlag: „Ich will mich um den Jungen .... kümmern. Lassen Sie mich sein Lehrer .... sein.“
5. Albert wird mit Max Talmey viel .... lernen.
6. Albert versucht alles .... verstehen.

> ***Einstein kriegt den Mund nicht auf.***
>
> ***aufkriegen*** ist ein trennbares Verb. Es hat ein trennbares Präfix, das heißt: Im Satz steht das Präfix am Ende, getrennt vom Verb.
>
> Nicht alle Verbpräfixe sind trennbar.
>
> Untrennbare Präfixe sind: ***be-, emp-, ent-, er-, ge-, miss, ver-, zer-***

2 Ergänze mit *aufkriegen, anfreunden, ansehen, besuchen, erzählen* und *kennen lernen* im Präsens oder Perfekt.

1. Der Onkel aus Amerika .... viel ....
2. Heute .... ich Peter bei ihm zu Hause ....
3. Friedrich .... das Auto ....
4. In den Ferien .... ich einen Jungen aus Spanien ....
5. Die Tür muss kaputt sein. Ich .... sie nicht ....
6. Albert .... sich mit einer Studentin ....

Sprechen wir darüber?

1 Albert interessiert sich sehr für Mathematik. Warum?

Mathematik ist

- ☐ ... ein Spiel
- ☐ ... etwas Komisches
- ☐ ... etwas Praktisches fürs Leben
- ☐ ... etwas Schönes

2 Magst du Mathematik?

- ☐ ja ☐ nein
- ☐ Mathematik ist zu kompliziert.
- ☐ Mathematik ist etwas für Männer.
- ☐ Mathematik braucht man nicht.
- ☐ Mathematik ist monoton.

Sprechen

FIT2 **1 Stelle deinem Partner/deiner Partnerin eine Frage. Das Thema ist *Lernen*. Er/sie antwortet.**

Beispiel:

Frage	Antwort
Wo lernst du?	*Ich lerne zu Hause/ in der Schule/ in der Bibliothek.*

Thema: Lernen	1
Wo...?	

Thema: Lernen	2
Was...?	

Thema: Lernen	3
Mit wem...?	

Thema: Lernen	4
Wann...?	

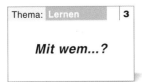

2 Stelle deinem Partner/deiner Partnerin Fragen zu dem Thema *Freundschaft*.

Thema: Freundschaft	1
Wer...?	

Thema: Freundschaft	2
Wie...?	

Thema: Freundschaft	3
Wie alt...?	

Thema: Freundschaft	4
Wo...?	

Hören

FIT 2

1 Höre den Dialog zwischen Sofie und Marianne. Sie sprechen über ihre Freunde. Nach ihren Beschreibungen kannst du die verschiedenen Personen identifizieren.

Frank .... Klaus .... Constantine .... Max ....

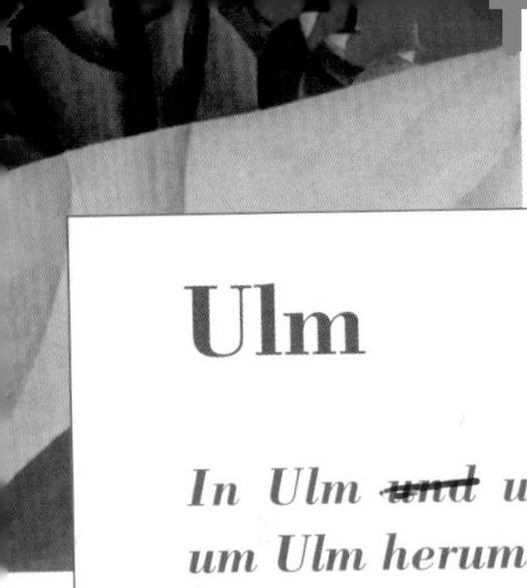

Ulm

Das Ulmer Rathaus

In Ulm ~~und~~ um Ulm und um Ulm herum

Einstein ist in Ulm geboren. Hat das etwas zu sagen? Er hat nur 15 Monate dort gewohnt –und war sicher zu klein, um mit gotischen Kirchen und der Universität etwas anfangen zu können. Doch ist Ulm keine Stadt wie jede andere. Eine Stadt der Arbeiter, der Erfinder und der Wissenschaft, so wie das Land, in dem Ulm liegt: Baden-Württemberg.

Wichtige Leute in einer kleinen Stadt

Der Astronom Johannes Kepler (1571-1630) ist in Ulm gewesen. Kennst du die Logarithmen? Der Mathematiker Johann Faulhaber (1580-1635) hat damit zu tun, ein Ulmer. Aus Ulm kommt auch der Mann, der als Schneider von Ulm in der Literatur bekannt geworden ist, Albrecht Berblinger.

Am 31. Mai 1811 sprang Albrecht Berblinger von einem Kirchturm. Unter dem Kirchturm floss -und fließt heute noch- ein Fluss. Unten am Fluss standen viele Leute. Sie wollten Berblinger sehen.

Berblinger hatte gesagt: „Ich kann fliegen.“ Er hatte einen Flugapparat gebaut.
Es klappte nicht. Er fiel mit seinem Flugapparat in den Fluss. Berblinger musste weglaufen, denn das Publikum wurde sehr böse und wollte ihn töten.

Adlerbastei
1. Berblinger's unglückliches Unternehmen als Luftflieger in seiner Positur. 2. das Ufer der Donau, mit Zuschauer. 3. die glückliche Rettung des Luftfliegers, von den Fischern. 4. Ulm.
Zeitgenössischer Stich zum Flug von A. Berblinger

Von Thermik wusste Berblinger nichts. So ein großer Fluss wie der unten bei der Kirche transportiert kalte Luft. Das ist für Segelflieger nicht ideal. Im Jahre 1986 hat man Berblingers Flugapparat rekonstruiert und ausprobiert, nicht am Fluss. Der Apparat, er sieht aus wie ein moderner Gleitschirm, hat funktioniert. Berblinger hatte Recht gehabt.

INTERNET-RECHERCHE

Der Schneider von Ulm. Mithilfe einer Suchmaschine findest du sehr schnell die Namen der Schriftsteller, die etwas über diesen Erfinder zu sagen haben.
Im Internet (Stichwort: *Ulm*) findest du auch ganz schnell den Namen des Ulmer Kirchturms – es ist der höchste der Welt – und den Namen des Flusses – es ist der längste Europas – heraus. Wenn du schon dort bist, könntest du auch das älteste Kunstwerk der Welt suchen. Es befindet sich in einem Ulmer Museum.

Kirchturm: ....
Fluss: ....
Kunstwerk: ....

Ein deutsches Land: *Baden-Württemberg*

Deutschland ist ein Bundesstaat, eine Föderation von 16 Ländern. Sachsen und Bayern sind Länder der Bundesrepublik Deutschland. Diese Länder haben eine lange Tradition.

Die Existenz des Landes Land Baden-Württemberg beruht auf einem Plebiszit. Im Jahre 1951 haben die Menschen in drei verschiedenen Ländern gesagt, dass sie zusammen in einem Land leben wollen. Warum? Es gibt hier die Württemberger, und die sind meistens evangelisch, es gibt hier die Baden und die Schwaben (darunter die Ulmer), und die sind meistens katholisch. Historisch haben diese

Das neue Schloss in Stuttgart

verschiedenen Gruppen nicht viel miteinander zu tun. Doch die Mischung funktioniert. Baden-Württemberg hat heute viel weniger Arbeitslose (unter 7%) als die anderen Bundesländer, die Menschen dort haben 7% mehr Geld zum Ausgeben als andere Deutsche und sparen mehr (2179 Euro pro Kopf im Jahr) als andere Europäer. Die Schwaben, erzählt man sich, arbeiten mehr als andere Deutsche, und die Baden-Württemberger bekommen auch mehr Kinder als andere. In der Landeshauptstadt Stuttgart werden Autos und Computer gebaut. Im ganzen Land investiert man heute in High-Tech, Informationstechnologie, in Wissenschaft und Forschung. Das hat Tradition in Baden-Württemberg. In Stuttgart bauten Männer wie Gottlieb Daimler und Karl Benz (angefangen hat er 1885 in Mannheim) schon vor mehr als hundert Jahren die ersten Automobile, aus Stuttgart kommen auch die Autos von Ferdinand Porsche, während ein berühmter Ulmer Erfinder und Unternehmer Magirus hieß. Die Schwaben, heißt es, sind erfinderisch. Schwäbisch ist auch die Stadt Ulm und Schwabe war Albrecht Berblinger, Erfinder eines Flugapparates, der nicht zu funktionieren schien.

1 Im und um den Text herum.

1. Welche der hier genannten Namen von Erfindern findest du in Auto-Marken von heute wieder?
2. Wie hoch ist die Arbeitslosenquote in Deutschland? (Internet: *Bundesamt für Statistik*)
3. Wie hoch ist die Arbeitslosenquote in anderen europäischen Ländern (Internet: *eurostat*)
4. Fasse zusammen: warum sieht sich Baden-Württemberg als Land der Superlative?

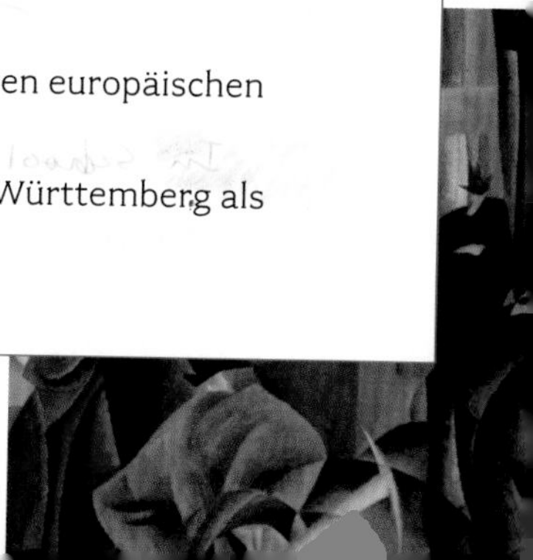

KAPITEL 2

Ein schlechter Schüler?

4 **Zu Hause spielt Albert Geige**[1]. Er spielt gut und gern.

Zu Hause, mit Onkel Albert und mit Max, lernt Albert viel.

Aber Albert ist nicht immer zu Hause. Wie alle Kinder muss auch Albert in die Schule gehen.

Er besucht eine staatliche[2] Schule: das Luitpold-Gymnasium.

Er ist kein guter Schüler. Besser gesagt: er ist nicht in allen Fächern gut. In Mathematik ist er der Klassenbeste[3]. Doch Geschichte und Geographie interessieren ihn nicht, und seine Noten sind schlecht.

„Du bist so ein intelligenter Junge", sagen Lehrer und Eltern immer wieder. „Warum lernst du nicht?"

„Ich lerne schon", antwortet Albert. „Aber in der Schule soll ich nur lernen und nicht nachdenken, und ich — will nicht lernen

1. **e Geige(n)** : Violine.
2. **staatlich** : nicht privat.
3. **r/e Klassenbeste** : der oder die beste Schüler/in der Klasse.

ohne nachzudenken."

„Nachdenken lehren wir in der Schule nicht!" Das stört den jungen Einstein, und noch als alter Mann sagte er immer wieder: „Die deutsche Schule ist schlecht. Nur Ordnung und Disziplin sind dort wichtig. Die deutsche Schule ist eine Kaserne[1]. Kein Kind lernt gern in einer Kaserne."

Albert geht nicht gern in die Schule. Er mag seine Lehrer nicht. Auch von seinen Mitschülern[2] will er nichts wissen.

Auch sein „Hauslehrer" und Freund Max sagt: „Nie sehe ich Albert mit Gleichaltrigen[3] zusammen!"

Es ist wahr. Albert hat keine Freunde in seinem Alter. Langweilt er sich[4] mit ihnen? Finden sie ihn komisch?

Albert ist das egal. Was er in der Schule nicht findet, bekommt er zu Hause.

Eines Tages ruft sein Vater ihn zu sich.

„Albert", sagt er, „deine Mutter, deine Schwester und ich, wir gehen aus Deutschland fort!"

„Warum? Was ist denn los?"

„Unser Unternehmen ist bankrott[5]. Aber ich will etwas Neues anfangen. Die Familie deiner Mutter hilft mir dabei. Ich will in Italien ein neues Unternehmen[6] aufbauen[7]."

„In Italien? Da komme ich doch mit!"

1. **e Kaserne(n)** : wo Soldaten wohnen.
2. **r Mitschüler(-)** : Schüler in derselben Klasse.
3. **r/e Gleichaltrige** : Person, die dasselbe Alter hat.
4. **sich langweilen** : nichts interessant finden.
5. **bankrott** : ohne Kapital.
6. **s Unternehmen(-)** : die Firma.
7. **aufbauen** : konstruieren.

„Nein, Albert. Du musst hier das Gymnasium besuchen. Es tut mir Leid, Albert, aber du musst hier bleiben."

Da ist Albert fünfzehn.

Albert must stay to learn

Albert bleibt allein in München. Er lebt in einem möblierten [1] Zimmer. Albert is alone in München

Jeden Morgen geht er in die Schule.

Er fühlt sich allein, ohne Familie. Er wird von Tag zu Tag trauriger.

Dann wird es ihm zu viel.

„So kann und will ich nicht leben. Ich muss weg hier, zu meiner Familie. Nach Italien."

Eines Tages kommt Albert etwas später in die Schule.

Er geht nicht in die Klasse. Er geht zum Direktor. Er ist mit ihm verabredet.

In der Tasche, zwischen den Seiten des Mathematikbuchs, liegt ein ärztliches Attest [2].

Ich kenne den Schüler Albert Einstein seit neun Jahren. Er leidet [3] an einer chronischen Bronchitis. In den letzten Monaten hat sich der Gesundheitszustand [4] meines Patienten sehr verschlechtert [5]. Ich rate zu einem längeren Kuraufenthalt [6] in südlichem Klima.

„Das zeige ich dem Direktor. Er soll mir ein Stück Papier

1. **möbliert** : Wohnung oder Zimmer mit Möbeln.
2. **ärztliches Attest** : Zertifikat eines Arztes.
3. **leiden** : negative Konsequenzen von etwas fühlen.
4. **Gesundheitszustand** : wie es ihm geht/ wie gesund er ist.
5. **sich verschlechtern** : schlechter werden.
6. **r Kuraufenthalt(e)** : Ferien für Kranke.

geben, auf dem steht, dass ich gut in Mathematik bin. Das ist nicht das Abitur, nichts Offizielles. Das kann er machen, der Direktor. Und mein Vater ist zufrieden. Vielleicht."

Der Direktor wartet schon auf ihn.

„Guten Morgen, Herr Direktor."

„Was kann ich für Sie tun?" fragt der Direktor.

Einstein zeigt ihm das ärztliche Attest.

„Ich bin krank, Herr Direktor. Ich kann Ihre Schule nicht mehr besuchen. Aber ich will nicht ohne Zeugnis fortgehen [1]. Sie wissen, ich bin gut in Mathematik. Können Sie mir vielleicht eine Bescheinigung [2] geben?"

Der Direktor sagt nichts. Er sieht ihn an.

„Sie sind frech, Einstein. Wissen Sie das?"

„Jawohl, Herr Direktor."

„Wir wissen beide, dass Sie hier nicht gerade als guter Schüler bekannt sind. Der Einstein lernt nicht, sagt man mir, der Einstein ist faul. Er schläft in der Klasse!"

„In Mathematik, Herr Direktor, bin ich der Beste in der Klasse. Der Beste in der ganzen Schule. Herr Direktor, das wissen Sie doch, oder?"

„Junger Mann! Sie sind nicht nur frech, sondern auch arrogant!" Jetzt sieht der Direktor wirklich böse [3] aus.

Albert wird langsam nervös.

„Meine Bescheinigung kann ich vergessen", denkt er.

1. **fortgehen** : weggehen.
2. **e Bescheinigung(en)** : Zertifikat, Dokument.
3. **böse** : nicht gut, aggressiv.

Es ist sehr still [1] im Büro des Direktors.

Der Direktor denkt nach. Natürlich ist dieser Einstein arrogant. Aber der Direktor ist selbst Mathematiklehrer und kennt den Schüler.

„Dieser Einstein ist wirklich sehr gut in Mathematik. Mehr als das. Vielleicht ist er ein Genie. Da ist diese Arroganz normal."

„Also gut, Einstein", sagt er.

„Herr Direktor?"

„Ich stelle Ihnen die Bescheinigung aus [2]."

Albert dreht sich nicht um [3], als er aus der Schule kommt.

Noch am selben Abend geht er zum Bahnhof und nimmt den nächsten Zug nach Italien.

Als der Zug abfährt, sieht Albert nicht aus dem Fenster.

Die Stadt, in der er so lange gewohnt hat, interessiert ihn nicht mehr. Er hat seine Geige und seine Mathematikbücher bei sich.

1. **still** : ganz leise.
2. **ausstellen** : (*hier*) schreiben.
3. **sich umdrehen** : versuchen, hinter sich zu sehen.

Lesen

1 Was ist richtig (R), was ist falsch (F)?

	R	F
1. Albert geht in die Schule.	☐	☐
2. Albert mag die Schule nicht.	☐	☐
3. Albert ist sehr gut in der Schule.	☐	☐
4. Albert mag seine Mitschüler sehr.	☐	☐
5. Die Familie Einstein verlässt Deutschland.	☐	☐
6. Albert bleibt in München, um weiterzulernen.	☐	☐
7. Albert wohnt allein in einer Wohnung.	☐	☐
8. Albert ist mit dem Schuldirektor verabredet, mit dem er über die Universität sprechen möchte.	☐	☐
9. Der Schuldirektor gibt Albert, was er will.	☐	☐
10. Albert bleibt noch eine Weile in Deutschland, dann fährt er nach Italien.	☐	☐

2 Wie fühlt sich Albert,

1. als er allein in München lebt?
2. als er beim Schuldirektor ist?
3. als er die Bescheinigung vom Direktor bekommt?

nervös – frech – froh – traurig – entspannt

3 Wie ist der Schuldirektor Albert gegenüber?

☐ freundlich ☐ streng ☐ interessiert ☐ verständnisvoll ☐ böse

Wortschatz

1 Welches Wort passt nicht?

Hauslehrer – Lehrer – Vater – Mitschüler
Papier – Dokument – Bescheinigung – Heft
müde – traurig – glücklich – zufrieden
faul – aktiv – fleißig – interessant
Gymnasium – Familie – Schule – Universität

2 Wähle die richtigen Verben für jeden Satz.

1. Albert .... eine staatliche Schule und .... Geige.
2. Albert .... viel Mathematik, aber er .... schlecht in anderen Fächern.
3. Die Familie .... nach Italien, weil der Vater da etwas Neues .... will.
4. Albert .... in München und .... in einem möblierten Zimmer.
5. Albert .... sich allein und möchte ....
6. Eines Tages geht er zum Schuldirektor. Er ist mit ihm ....

a. hat besucht spielt geht studiert ist
b. lernt geht sagt ist hat mag findet
c. wohnt fährt bleibt anfangen arbeiten finden
d. bleibt fährt schreibt wohnt arbeitet geht
e. ist hat fühlt aufbauen weggehen weiterbesuchen
f. befreundet verabredet verwandt

3 Verbinde Satzteil 1 mit Satzteil 2.

1.	Es tut mir Leid,	**a.**	nicht mehr besuchen.
2.	Ich muss weg von hier	**b.**	als er aus der Schule kommt.
3.	Ich kann Ihre Schule	**c.**	aber du musst hier bleiben.
4.	Meine Bescheinigung	**d.**	zu meiner Familie.
5.	Albert dreht sich nicht um,	**e.**	kann ich vergessen.

Grammatik

Modalverben. Wirklich so kompliziert?

Müssen / sollen

Wir gebrauchen im Deutschen ***müssen*** (in der negativen Form meistens *brauchen*) und ***sollen***.

Ich muss, das heißt: es geht nicht anders, es gibt keine Alternative.

Ich soll, das heißt: andere Leute sagen mir das; ich kann auch etwas anderes tun, aber dann gibt es Streit oder Ärger.

Sollen oder *müssen*, das ist manchmal nur eine Frage des Akzents.

Beispiele:

(1) *Ich soll die Hausaufgaben machen.* (Ich kann auch Fußball spielen gehen, aber dann wird morgen die Lehrerin böse.)

(2) *Ich muss die Hausaufgaben machen.* (Ich habe schon schlechte Noten, und wenn die Lehrerin sieht, dass ich sie nicht mache, ist das das Ende meiner Schulkarriere.)

(3) *Ich muss in die Schule gehen.* (Wenn ich nicht gehe, holt mich die Polizei.)

Satz (1) ist ganz klar. Die Lehrerin sagt das, also: *ich soll.*

Satz (2) ist praktisch gleich, aber ich denke nicht daran, was die Lehrerin sagt, ich denke an die Konsequenzen für mich, also *ich muss.*

Satz (3) ist ganz klar: es gibt keine Alternative.

1 **Setze die richtige Form von *müssen* ein.**

1. Sonntags .... ich immer eine schwarze Hose anziehen.
2. Du .... zu dieser Party mitkommen.
3. Unser Fußballverein .... dieses Mal besser spielen.
4. Wir kommen später, wir .... noch die Wohnung putzen.
5. Albert und Max .... sich ein neues Thema suchen.
6. Herr Brummel, Sie .... die Briefe heute noch auf die Post bringen.

2 ***Müssen* oder *sollen*? Wenn beides geht, erkläre den Unterschied.**

1. In Alberts Schule .... die Schüler marschieren.
2. Für die Schule .... die Schüler ihre Hausaufgaben gut machen.
3. In der Pause .... ich schnell noch die Vokabeln lernen.
4. Wir .... um zehn vor acht in der Klasse sein.
5. Ich .... um halb sieben aufstehen, sonst kriege ich den Schulbus nicht mehr.
6. Nach der Schule .... ich sofort nach Hause gehen.
7. Wir .... unsere Schultaschen in Ordnung halten.
8. Er .... mich morgen oder übermorgen anrufen.

Sprechen wir darüber?

Albert hält nicht viel von der Schule.
Er sagt: „Die deutsche Schule ist schlecht. Nur Ordnung und Disziplin sind dort wichtig. Die deutsche Schule ist eine Kaserne. Kein Kind lernt gern in einer Kaserne."

Und deine Schule? Wie findest du sie?

Lesen

FIT 2 **1** **Viele junge Leute haben Probleme mit der Schule. Auch Hans. Lies den Brief und kreuze dann die richtige Antwort an.**

Liebe Frau Braun,

ich bin vierzehn Jahre alt und ich wohne in einer großen Stadt in Norddeutschland. Ich habe ein großes Problem in der Schule. Mein Problem heißt Herr Widmen. Herr Widmen ist mein Mathelehrer. Er lacht über mich. Er sagt vor der ganzen Klasse: „Hans ist ein bisschen dumm" oder „Hans versteht wieder gar nichts".

In der Klasse lachen alle. Es ist furchtbar. Ich will nicht mehr in die Schule gehen!

Ihr Hans

	R	F
1. Hans wohnt in einer kleinen Stadt in Deutschland.	☐	☒
2. Das Problem von Hans ist ein Mitschüler.	☐	☒
3. Hans ist ziemlich gut in Mathematik.	☒	☐
4. Der Lehrer von Hans lacht über ihn.	☒	☐

Was meinst du? Was soll Hans tun?

- ☒ mit dem Lehrer sprechen.
- ☒ es seinen Eltern sagen, damit sie mit dem Lehrer sprechen.
- ☐ in eine andere Schule gehen.
- ☒ mehr lernen und gut in Mathematik werden.

Hören

IT2

1 Höre den Dialog. Die beiden Jungen sprechen über die Schule.

a. Kreuze die Namen der Fächer an, die sie nennen.

☐ **Biologie** ☐ **Deutsch** ☐ **Französisch** ☐ **Englisch**
☐ **Sport** ☐ **Mathe** ☐ **Physik**

b. Höre den Dialog noch einmal und kreuze die richtige Antwort an.

1. Die Mathehausaufgaben sind: schwierig — leicht — interessant
2. Für Deutsch müssen sie: viel lernen — nichts lernen — ein Buch lesen
3. In Sport: spielen sie Fußball — spielen sie Volleyball — laufen sie

Landeskunde

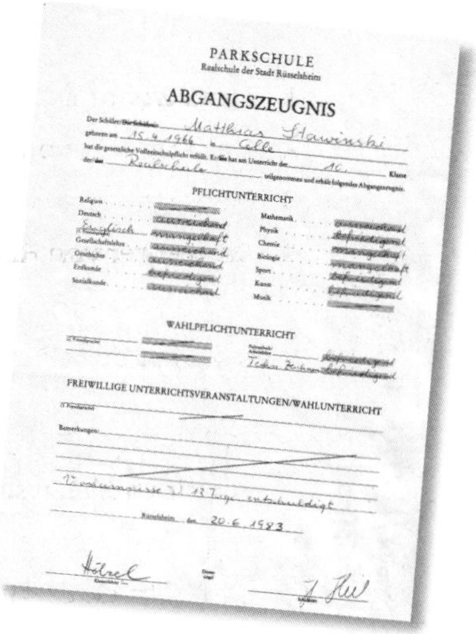

Die Noten in Deutschland

Alberts Lehrer denken, er ist ein fauler Schüler. Albert lernt wenig für Geschichte und Fremdsprachen. Von Noten spricht der Direktor nicht, aber wahrscheinlich hatte Albert in einigen Fächern keine sehr guten Noten. Kennst du die „deutschen Noten"?

Sie gehen von **1** bis **6**. Die beste Note ist **1**.

1 = sehr gut — **2** = gut — **3** = befriedigend —
4 = ausreichend — **5** = mangelhaft — **6** = ungenügend

Welche Noten hatte Albert wahrscheinlich in

Mathematik: ......1...... **Physik:** ......1......
Französisch: ......4...... **Geschichte:** ......5......

KAPITEL 3

Die Schweiz und Italien

Alberts Eltern und seine Schwester wohnen jetzt in Pavia, in Norditalien.

Er bleibt den ganzen Sommer dort. Es ist ein wunderbarer Sommer für den jungen Albert. Er ist viel an der frischen Luft[1].

Eines Morgens zieht Albert bequeme Schuhe an und holt den Rucksack aus dem Schrank.

Er will nach Genua. Zu Fuß.

Albert liebt Italien, den Sommer und die Ferien.

Aber der Sommer geht zu Ende.

„Was soll aus dem Jungen werden?“ fragen sich die Eltern. „Wovon willst du denn leben, Albert? Du musst weiter lernen. Dann kannst du Ingenieur werden, wie dein Onkel Jakob.“

Albert hat keine Lust Ingenieur zu werden. Aber er tut, was der Vater sagt.

1. **e Luft** : was in der Atmosphäre ist (N2, O2 etc.).

Er schreibt sich für die Zulassungsprüfung [1] an der Eidgenössischen Technischen Hochschule [2] in Zürich ein.

Albert ist sechzehn. Erst mit achtzehn kann man normalerweise auf die Universität.

Er versucht es trotzdem.

Am nächsten Tag geht er zum Rektor.

„Aha“, sagt der, „Einstein, Albert. Mathematik, Physik, Chemie: sehr gut. Literatur und Geschichte: mangelhaft. Die Kultur, junger Mann!“

„Was soll ich denn tun?“ fragt Albert.

„Sie sind noch sehr jung, Herr Einstein. Gehen Sie noch ein Jahr zur Schule, machen Sie das Abitur, und dann kommen Sie zu uns zurück.“

Der Rektor hat verstanden, dass er es nicht mit einem normalen Jungen zu tun hat.

„Ein Wunderkind [3]“, denkt er.

Ein Jahr lang besucht Albert das Gymnasium in Aarau in der Schweiz. Diese Schule gefällt ihm gut. Es ist keine Kaserne, wie die Schule in Deutschland. Die Lehrer sind freundlich und nett. Mit seinen Mitschülern versteht Albert sich gut. Das ist etwas Neues für ihn: in Deutschland hatte er keine gleichaltrigen Freunde.

„Die Schweizer Schule gefällt mir“, sagt sich Albert, „die

1. **e Zulassungsprüfung(en)** : Test vor dem Beginn eines Studiums.
2. **e Hochschule(n)** : Universität.
3. **s Wunderkind(er)** : ein Kind mit großem Talent.

Schweiz gefällt mir auch, viel besser als Deutschland. Ich will Schweizer werden."

Deshalb gibt Albert mit siebzehn die deutsche Staatsbürgerschaft [1] ab [2]. Wenig später wird er Schweizer. Das bleibt er viele Jahre lang.

Als er das Abitur bestanden hat [3], beginnt Albert das Studium an der Technischen Hochschule in Zürich.

Er trägt jetzt einen Schnurrbart [4]. Die Frauen mögen ihn, den jungen Mann mit den dunklen Haaren und tiefbraunen Augen.

Nur fünf Studenten besuchen seinen Kurs an der Hochschule. Albert ist der jüngste der Gruppe. Er ist erst siebzehn. Die älteste ist ... eine Frau: Mileva. Mileva ist einundzwanzig und Tochter serbischer [5] Eltern. Eine Frau an der Technischen Universität, das ist zu dieser Zeit eine kleine Revolution.

Mileva studiert viel und bekommt gute Noten. Sie gefällt Albert sehr. Besonders schön ist sie nicht, sie hinkt [6] auch ein bisschen, aber sie ist sehr intelligent. Mit dieser jungen Frau kann Albert über das sprechen, was ihn interessiert: Mathematik und Physik.

In den Ferien fährt Albert zu seinen Eltern nach Italien.

Sie wohnen jetzt in Mailand, in einer Wohnung im Stadtzentrum, in der Nähe des Doms und der Galleria.

Aus Mailand schreibt Albert Liebesbriefe an Mileva. Er nennt

1. **e Staatsbürgerschaft(en)** : Nationalität.
2. **abgeben** : (*hier*) zurückgeben.
3. **bestehen** : (*hier*) gut machen.
4. **r Schnurrbart** : Haare über der Lippe.
5. **serbisch** : aus Serbien.
6. **hinken** : nicht normal gehen.

Lazzaretto
Piazza d'Armi
MILANO

sie «Doxerl», das ist schwäbischer[1] Dialekt und heißt Püppchen[2]. Da sind sie schon sehr verliebt.

Albert will Mileva heiraten. Seine Eltern sind nicht einverstanden. Vor allem Alberts Mutter will diese Mileva gar nicht gefallen, sie denkt: „Diese Frau hinkt, sie ist nicht reich, sie ist Serbin, sie ist zu alt für Albert."

Auch der Vater ist skeptisch.

„Albert", sagt er sehr ernst zu seinem Sohn, „eine Frau ist ein Luxus. Wer kein Geld hat, kann nicht heiraten. Studiere erst zu Ende, suche dir eine Arbeit. Dann sehen wir weiter."

Vier Jahre später ist Albert mit dem Studium fertig.

Wie geht es jetzt weiter?

Eine Universitätskarriere, ein schöne, sichere Stelle[3] als großer Professor oder Wissenschaftler? Albert bewirbt[4] sich bei Universitäten in ganz Europa, von Pisa bis Stockholm. Nichts.

Albert Einstein ist nach dem Studium arbeitslos.

Nach langer Suche findet er eine Stelle beim Patentamt[5]. Er verdient[6] wenig, aber die Stelle ist sicher.

„Endlich!" sagt Mileva. „Jetzt können wir heiraten!"

Sie ist froh. Denn sie liebt ihren Albert sehr, und er liebt sie.

1. **schwäbisch** : aus Schwaben.
2. **s Püppchen(-)** : kleine Puppe.
3. **e Stelle(n)** : r Arbeitsplatz.
4. **sich bewerben** : um eine Stelle bitten.
5. **r Patentamt("ter)** : staatliches Büro für die Registrierung technischer Innovationen.
6. **verdienen** : bekommen.

Vier Jahre arbeitet Albert im Patentamt.

Er wird Vater eines Sohnes: Hans.

Büro, Familie und Physik, das ist jetzt Alberts Leben. Ja, denn er hat die Physik nicht vergessen.

In seiner Freizeit trifft er sich oft mit zwei Freunden. Sie sind Physiker, so wie er selber, und die drei gründen [1] zusammen die „Akademie Olympia".

„Ich weiß, du denkst, das ist so ein Klub zum Bier trinken und Spaß haben. Aber wir arbeiten ganz ernsthaft [2] an physikalischen Problemen, viel ernsthafter vielleicht als an den richtigen Akademien."

Mileva ist ein bisschen neidisch [3]. Physikalische Theorien interessieren sie auch. Aber sie ist jetzt Hausfrau und Mutter und bleibt abends zu Hause bei ihrem Kind.

1. **gründen** : eine neue Institution ins Leben rufen.
2. **ernsthaft** : seriös.
3. **neidisch sein** : die Sachen oder das Prestige eines anderen haben wollen.

Lesen

1 Was ist richtig (R), was ist falsch (F)?

	R	F
1. Albert wohnt zwei Jahre lang in Pavia.	☐	☒
2. Alberts Vater will, dass der Sohn Ingenieur wird.	☒	☐
3. Albert besteht die Prüfungen an der Technischen Hochschule Zürich.	☒	☐
4. Albert beginnt mit siebzehn das Studium an der Universität.	☒	☐
5. Albert wird Schweizer.	☒	☐
6. Nur fünf Studenten besuchen seinen Kurs an der Universität.	☐	☐
7. Albert verliebt sich in Mileva.	☒	☐
8. Alberts Familie mag Mileva sehr.	☐	☒
9. Nach dem Studium findet Albert sofort eine Stelle beim Patentamt.	☒	☐
10. Albert und Mileva heiraten und Albert wird Vater eines Sohns.	☒	☐

2 Was wissen wir über Mileva? Ergänze mit den Informationen aus dem Text:

Sie ist ..*einundzwanzig*.. Jahre alt. Sie ist sehr .... Sie ..*studiert*.. viel und bekommt gute Noten. Sie kommt aus .... Mit ihr kann Albert über ..*Physik*.. und ..*Mathematic*.. sprechen.

3 Was und wen liebt Albert?

die Ferien – die Familie – die Lehrer – die Schule – die Physik – die Sonne – Mileva – viele Frauen

Wortschatz

1 Verbinde das Substantiv mit dem richtigen Verb.

1. das Abitur
2. die Schule
3. Schuhe
4. gute Noten
5. Briefe
6. bei Universitäten

a. sich bewerben
b. bestehen
c. besuchen
d. schreiben
e. bekommen
f. anziehen

2 Kreuze die Worte an, die mit dem Wortfeld *Schule* zu tun haben.

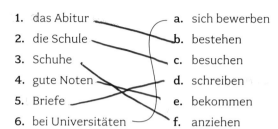

heiraten – Abitur – Hochschule – verliebt – Rektor – Prüfung – Wohnung – Chemie – Kultur – Stadtzentrum – Liebesbrief – Note

3 Hier ist eine Beschreibung des jungen Albert: ***Er ist mittelgroß. Er hat dunkle Haare und tiefbraune Augen. Er trägt einen Schnurrbart.*** **Jetzt mache eine ähnliche Beschreibung von diesen Leuten.**

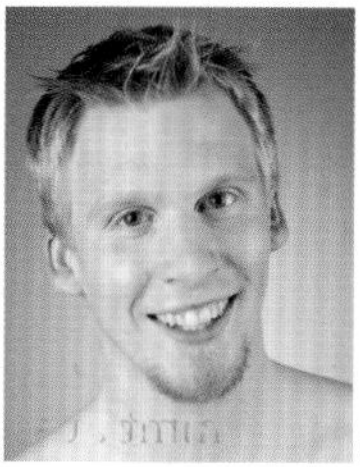

Er hat blonde Haare und er trägt eine Blond Kinnbart

Sie hat tiefbraune Haare.

Sie hat rote Haar. Sie trägt einen Jeans

Er hat dunkle Haare und dunkelbraune Augen

Grammatik

Ortspräpositionen	Andere Präpositionen
in + Dativ/Akk.	mit + Dativ
an + Dativ/Akk.	bei + Dativ
nach + Dativ	für + Akkusativ
aus + Dativ	

1 **Ergänze mit Artikel und den Ortspräpositionen *an, aus, bei, in (2), nach.***

1. Ich hole die Tasche ...an... Schrank.
2. Einstein möchte ...bei... Universität.
3. Er geht zu Fuß ...aus... Genua.
4. Alberts Eltern wohnen jetzt ...bei... Mailand ...in... einer schönen Wohnung.
5. Albert bewirbt sich ...in... Universitäten in ganz Europa.

2 **Ergänze mit den Präpositionen *an, für, mit* (3).**

but grammatically poss.

1. ...mit... Albert war das ein schöner Sommer.
2. ...an... siebzehn beginnt Albert das Studium an der Universität.
3. Vier Jahre später ist Albert fertig ...mit... seinem Studium.
4. Der Rektor weiß, er hat es nicht ...mit... einem normalen Jungen zu tun.
5. Er schreibt Liebesbriefe ...für... Mileva.

3 **Ergänze mit den Präpositionen *bei, für, in, mit, nach.***

1. Er arbeitet ...bei... die Universität.
2. Albert wohnt nicht mehr ...mit... seinen Eltern.
3. Er wohnt ...in... der Schweiz.
4. ...für... Mileva ist Albert glücklich.
5. Er fährt manchmal ...nach... Italien.

but grammatically poss.

Sprechen wir darüber?

Bei der Arbeit am Patentamt verdient Albert zwar wenig, hat aber auch Zeit für die Physik.

Seine Arbeit soll Albert Zeit fürs Studieren lassen. Geld will er auch.

Und du? Was erwartest du von deiner zukünftigen Arbeit?

- [ ] viel Geld
- [ ] viel Zeit
- [ ] Sicherheit
- [x] Kontakt zu den Leuten
- [x] Zufriedenheit

Versuche jetzt deine Wahl zu begründen.

Beispiel:

Ich will viel Geld verdienen, weil ich viele schöne Reisen machen will/ weil ich eine große Familie haben will/weil ich viele Sachen kaufen will.

Hören

1 **Höre vier Dialoge über die Ehe. Wer sagt was?**

1. glaubt nicht an die Ehe: ......4......
2. möchte gar nicht heiraten: ......3......
3. möchte heiraten: ......1......
4. möchte zusammenleben: ......2......
5. glaubt, dass die Liebe für immer dauern kann: ......5......

INTERNET PROJEKT

Du weißt jetzt schon viel über Einstein, aber im Internet gibt es noch viel Neues (und Lustiges) zu entdecken.
Gebe im Internet in die Suchmaschine die Stichworte *Einstein* + *Website* ein. Du kommst dann auf eine Website und siehst links die Buttons:

- Biography
- Physics
- Information
- Einstein for Kids ... das ist das Richtige.

3. Klicke auf *Einstein for Kids*.

For Kids ist natürlich englisch. Was bedeutet es auf Deutsch?

a) Oben auf der Seite steht ein Zitat. Kannst du es in deine Sprache übersetzen? Wenn nötig, nimm ein Wörterbuch zu Hilfe:

....

....

b) Klicke auf *Abiturzeugnis*. Beantworte die folgenden Fragen.

– Da stehen Schweizer Noten, nicht deutsche. Auch in der Schweiz gibt es Schulnoten von eins bis sechs, aber welche ist die beste, welche die schlechteste Note?

- In welchen Fächern war Einstein sehr gut?
- In welchen war er nicht gut und nicht schlecht?
- In welchem Fach war er am schlechtesten?

c) Die Web-Site *Einstein for Kids* führt dich auch auf Briefe, die Kinder an Albert Einstein geschrieben haben. Lies die Antworten von Einstein auf die Briefe aus den Jahren 1920, 1943, 1955.

In welchem von diesen Briefen ...

	Jahr
1. dankt Albert für Geschenke?	....
2. schreibt er einem Mädchen, es soll sich nicht so viele Gedanken machen, wenn es schlecht in Mathematik ist?	....
3. schreibt er, wie er aussieht?	....

KAPITEL 4

Die Relativitätstheorie

1905 ist ein wichtiges Jahr im Leben Einsteins, für die Physik und für die ganze Menschheit.

1905 veröffentlicht [1] Albert Einstein vier Artikel über die „spezielle Relativitätstheorie". Die Themen sind die Natur und die Geschwindigkeit [2] des Lichts, aber auch die Theorien Isaac Newtons über Zeit und Raum [3].

Die Relativitätstheorie ist nicht nur neu, sie revolutioniert die Physik. Sie ist einfach ... genial.

Doch nach der Veröffentlichung seiner Artikel bleibt in Einsteins Leben alles, wie es war.

„Wollen meine Physiker-Kollegen von meiner Theorie denn gar nichts wissen?" fragt sich Einstein.

1. **veröffentlichen** : publizieren.
2. **e Geschwindigkeit(en)** : v — Kilometer pro Stunde.
3. **r Raum("e)** : (*hier*) Universum.

„Muss ich also das ganze Leben am Schweizer Patentamt arbeiten?"

Freunde raten ihm, sich noch einmal an der Universität Zürich zu bewerben und seine vier Artikel zu schicken.

Das tut Albert auch. Der Professor für Theoretische Physik der Universität liest die Artikel, aber er gibt Albert die Stelle nicht. „Was dieser Einstein schreibt, versteht doch kein Mensch", meint der Professor.

Drei Jahre später gibt es endlich etwas Neues. Albert ist neunundzwanzig.

Die Relativitätstheorie wird langsam bekannt.

Viele Physiker sind noch skeptisch, aber die besten wissen schon: wir sind auf dem Weg zu einer neuen Physik. Einstein, dieser unbekannte junge Mann aus der Schweiz, hat uns den Weg gezeigt.

Max Planck, der bekannteste Physiker der Zeit, ist sich sicher, dass Einstein mit seiner neuen Theorie Recht hat.

1909: Albert Einstein wird Professor in Zürich. Seine Studenten mögen ihren exzentrischen jungen Lehrer.

„Er ist anders als die anderen Professoren. Seht nur, wie er angezogen ist. Seine Hosen sind zu kurz, seine Jacke uralt [1], und Strümpfe [2] trägt er gar nicht. Morgens beim Anziehen hat er wohl anderes im Kopf als seine Kleidung."

Das ist richtig. Er denkt an Vieles, an sein Aussehen denkt er nicht.

1. **uralt** : sehr alt.
2. **r Strumpf("e)** : trägt man am Fuß.

mgh = m/2 v²
A
B
C
E = mc²

Im selben Jahr noch fährt Einstein zum Physiker-Kongress in Salzburg und lernt viele wichtige Physiker kennen. Die Wissenschaftler wissen jetzt, wer Einstein ist.

Eines Tages bekommt er einen Brief.

Er zeigt ihn seiner Frau. Man bietet ihm eine Professur [1] in Prag an [2].

„Ist die Stelle gut bezahlt?“ fragt Mileva. Sie muss ans Geld denken. Einsteins haben immer finanzielle Probleme. Sie haben jetzt zwei Kinder.

„Ja, sehr gut.“

„Dann nimm die Stelle an [3].“

„Na gut“, sagt er. „Große Lust habe ich nicht. Nach Prag! Aber wir haben das Geld nötig.“

Das Leben in Prag behagt [4] Albert nicht besonders. Die Stadt gehört zu Österreich. Hier leben Deutsche und Tschechen, Christen und Juden. Zwischen diesen Gruppen gibt es immer wieder Reibereien [5].

„Die Deutschen mögen die Tschechen nicht, die Tschechen wollen mit den Deutschen nichts zu tun haben, und alle hassen die Juden. Das ist alles nichts für mich“, denkt Albert.

In Prag lernt Albert Franz Kafka kennen, den Mann, der *Die Verwandlung* [6] geschrieben hat. Auch Kafka ist deutschsprachiger [1]

1. **e Professur(en)** : Stelle als Universitätslehrer/in.
2. **anbieten** : geben wollen.
3. **annehmen** : akzeptieren.
4. **behagen** : (emotional) gefallen.
5. **e Reiberei(en)** : Konflikte.
6. ***Die Verwandlung*** : Metamorphose, Titel einer Erzählung von Franz Kafka.

Jude, so wie Einstein. Kafka will den Physiker für seine zionistische[2] Gruppe interessieren.

Einstein ist nicht begeistert[3].

Er denkt über das Licht und die Zeit nach. Er fühlt sich im Universum zu Hause.

Nur ein Jahr lang bleibt die Familie in Prag. Im Jahre 1912 wohnen Albert und Mileva mit ihren Kindern wieder in Zürich.

Jetzt hat man großen Respekt vor ihm.

Max Planck hat gesagt: „Albert Einstein ist der Kopernikus des zwanzigsten Jahrhunderts."

Die große Physikerin Marie Curie hat Albert aus Paris einen Brief geschickt. „Ich bewundere[4] Ihre Theorien", hat sie geschrieben.

1913. Einsteins leben in Zürich. Sie führen ein ruhiges, bequemes Leben ohne finanzielle Sorgen. Albert lehrt[5] an der Universität, er schreibt, er denkt nach, er raucht Pfeife.

Aber dann geschieht etwas ...

Eines Tages bekommt Albert Besuch.

Die zwei Männer an seiner Tür kommen aus Berlin. Es sind Walter Ernst und – Max Planck.

„Lieber Herr Einstein, wir wollen Sie bei uns in Berlin haben. Am Kaiser-Wilhelm-Institut haben wir die richtige Stelle für Sie. Als Direktor."

1. **deutschsprachig** : jemand, der deutsch spricht.
2. **zionistisch** : will einen jüdischen Staat in Israel.
3. **begeistert** : enthusiastisch.
4. **bewundern** : phantastisch finden.
5. **lehren** : was der Lehrer tut.

Das Kaiser-Wilhelm-Institut für Physik ist eines der besten Institute, vielleicht das beste Institut der Welt.

Doch Albert antwortet nicht sofort.

„Kaiser Wilhelm ... Zurück nach Deutschland?“ denkt er. „Deutschland ist ein durch und durch [1] militarisiertes Land. Darum bin ich doch Schweizer geworden.“

Max Planck hat noch ein Argument in Reserve.

„Einstein, in Berlin brauchen Sie keine Vorlesungen [2] zu halten. Wir wollen Sie als Wissenschaftler, nicht als Lehrer.“

Endlich genug Zeit zur Forschung [3] .... zum Lesen, Schreiben, zum Nachdenken.

Albert nimmt die Stelle an.

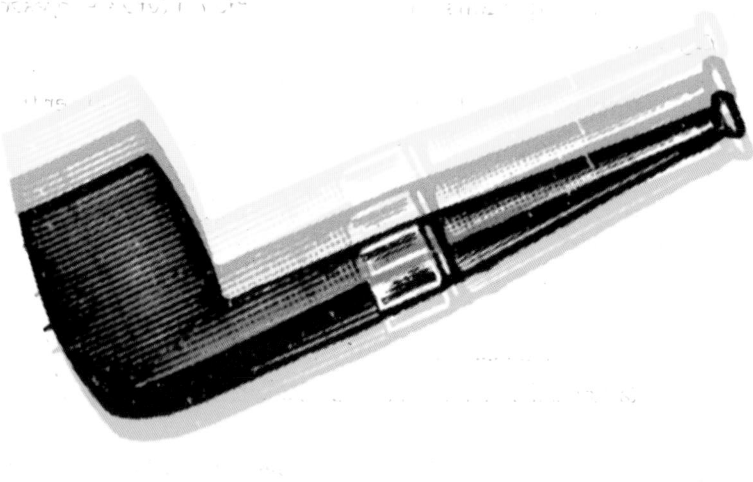

1. **durch und durch** : ganz.
2. **e Vorlesung(en)** : der Professor spricht, die Studenten hören zu.
3. **e Forschung(en)** : Suche nach neuen Resultaten in der Wissenschaft.

Lesen

1 Was ist richtig (R), was ist falsch (F)?

		R	F
1.	1905 veröffentlicht Albert die Relativitätstheorie.	X	
2.	Die Relativitätstheorie ist revolutionär.	X	
3.	Viele Physiker interessieren sich sofort für seine Theorien.		X
4.	Albert bewirbt sich noch einmal bei der Universität Zürich, aber er bekommt die Stelle nicht.		X
5.	1909 wird Albert endlich Professor an der Universität Zürich. seher?	X	
6.	Seine Stundenten mögen ihn nicht.		X
7.	Die Relativitätstheorie wird immer bekannter.	X	
8.	Albert bekommt eine Stelle an der Prager Universität.	X	
9.	Albert mag das Leben in Prag sehr.		X
10.	Albert fährt in die Schweiz zurück.	X	

2 Warum ist Albert Einstein *anders als die anderen Professoren?* Ergänze.

Er trägt zu kürze Hosen. Seine Jacke ist kralt und er trägt keine Strümpfe. Er hat keine Zeit für ....

3 In diesem Kapitel treten einige wichtige Leute der Zeit auf. Was sind sie von Beruf?

Max Planck: der bekannteste Physiker

Marie Curie: ein großer Physiker

Franz Kafka: Ein Physiker für seine zionistische gruppe.

4 Albert und die Städte. Warum mag Albert das Leben in Prag nicht? Warum will er nicht nach Berlin?

Er mag das Leben in Prag nicht, weil seine Stelle nicht gut ist.

Er will nicht nach Berlin, weil Deutschland ein militarisiertes Land ist.

Grammatik

1 **Ergänze die Verben *bewerben, lesen, raten, schicken, werden.***

1. Albert .... seine Artikel an die Universität.
2. Der Professor .... die Artikel und versteht sie nicht.
3. Albert .... sich bei vielen Universitäten.
4. Seine Theorien .... langsam bekannt.
5. Man .... ihm die Artikel zu schicken.

2 **Wähle die richtige Alternative.**

Das ist ein (1) .... Jahr für Albert.
(2) .... diesem Jahr veröffentlicht er vier Artikel.
(3) .... der Veröffentlichung der Artikel ändert sich nichts in seinem Leben. Er arbeitet (4) .... Patentamt und er studiert viel.
Er hat jetzt (5) .... anderes Kind.
Langsam (6) .... Albert aber bekannt.
(7) Er bekommt eine Stelle in Prag, aber .... Stadt mag er nicht.
(8) .... ein Jahr bleibt die Familie in Prag.
(9) .... 1912 wohnt Albert mit seiner Familie zusammen wieder in Zürich.
(10) Jetzt hat man großen Respekt .... ihm.

1.	a. wichtiges	b. wichtiger	c. wichtige
2.	a. an	b. in	c. um
3.	a. nach	b. vor	c. im
4.	a. im	b. auf	c. am
5.	a. das	b. dieses	c. ein
6.	a. wird	b. werden	c. werde
7.	a. dieses	b. diese	c. eine
8.	a. nicht	b. nur	c. nein
9.	a. x	b. im	c. in
10.	a. für	b. an	c. vor

Wortschatz

1 Schreibe das richtige Wort unter das Bild.

e Hose – r Rock – e Bluse – e Jacke – s Hemd – r Pullover – e Mütze – r Hut – s Kleid – r Anzug – Schuhe (Pl.)

2 **Was tragen Peter und Johanna? Beschreibe sie.**

Beispiel: *Johanna trägt eine weiße Mütze, einen.......*

3 **Was ist das Gegenteil von?**

1. theoretisch — a. realistisch — b. praktisch — c. interessant
2. relativ — a. absolut — b. realistisch — c. wahr
3. exzentrisch — a. egozentrisch — b. normal — c. relativ

Hören

9A FIT2

1 **Höre den Dialog der beiden Freundinnen. Was ist richtig (R), was ist falsch (F)?**

Dialog.

	R	F
1. Veronika war in Italien.	☐	☐
2. Sie hat in Italien gearbeitet.	☐	☐
3. Sie war in Rom.	☐	☐
4. Rom ist phantastisch, aber die Leute mag sie nicht.	☐	☐
5. Sie möchte absolut nach Rom zurück.	☐	☐

Genies

Zwei Arten von Genies ...

Dem Zürcher Professor ist das alles zu kompliziert, aber Max Planck versteht Einsteins Theorie sofort. Denn auch Planck ist mehr als nur intelligent, er ist ... einer der größten Physiker der Welt.

Planck ist genial, keine Frage, aber er ist ganz anders als Einstein. Er ist immer korrekt gekleidet, er kommt immer pünktlich zu seinen Vorlesungen (sogar als sein Sohn im Krieg fällt), er mag Disziplin und Ordnung – er ist, das sagt er selbst: ein Preuße. Nicht alle Genies sind unkonventionelle Menschen. In der Physik nicht, aber auch in der Kunst nicht.

Ein Gegensatzpaar

Das berühmteste Gegensatzpaar bilden sicher **Wolfgang Amadeus Mozart** und **Johann Sebastian Bach**.

Mozart reist und lacht und feiert viel, Bach hat eine große Familie und arbeitet Tag für Tag in seiner Leipziger Kirche. Er spielt Orgel und er komponiert. Den Unterschied im Lebensstil und in der Weltsicht hört man an der Musik dieser beiden großen, größten Komponisten. Zwei gegensätzlichere Welten kann man sich kaum denken.

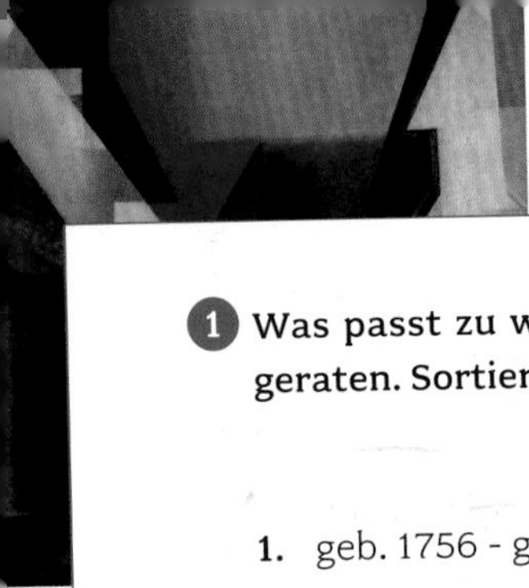

1 Was passt zu wem? Hier sind die Informationen durcheinander geraten. Sortiere.

	Mozart	Bach
1. geb. 1756 - gest. 1791	☒	☐
2. geb. 1685 - gest. 1750	☐	☒
3. Er war ein Wunderkind und wurde von allen gefeiert.	☐	☐
4. Wir wissen wenig Sicheres von seinem Leben.	☐	☐
5. Er war zweimal verheiratet und hatte viele Kinder.	☐	☒
6. Im Alter von fünf Jahren zog er von Stadt zu Stadt.	☐	☐
7. Er ist jung gestorben, manche sagen, es war Mord.	☐	☐
8. Zu seiner Zeit war er nicht sehr berühmt.	☐	☐
9. Zwei seiner Söhne wurden (und einer ist auch heute noch) als Musiker bekannt.	☐	☒
10. Er lebte seit 1781 als freier Musiker und Komponist in Wien.	☒	☐
11. Er liegt in einem Armengrab in Wien.	☒	☐
12. Er musste jeden Tag mit Schülern üben.	☐	☐
13. Wir kennen fast 1200 Kompositionen von ihm.	☐	☒
14. Er war sehr fleißig und sparsam.	☐	☒

2 Höre dir die folgenden Musikausschnitte an. Was ist wohl von Mozart, was von Bach?

1. ....

2. ....

KAPITEL 5

Einstein als Star

10 **1914. Kein normales Jahr**. Es gibt Krieg [1]. Der Erste Weltkrieg beginnt 1914.

Albert wird nicht Soldat. Er bleibt in Berlin und arbeitet. Er arbeitet an seiner Relativitätstheorie weiter.

Deutschland führt Krieg, in Berlin gibt es nicht viel zu essen. Albert arbeitet zu viel und wird krank.

Als er krank wird, ist er allein in Berlin.

Mileva lebt mit den beiden Kindern wieder in der Schweiz.

Albert und sie verstehen sich schon lange nicht mehr, deshalb leben sie getrennt [2].

Im Mittelpunkt [3] von Alberts Welt steht die Physik. In Mileva sieht er nur noch die Mutter seiner Kinder.

1. **r Krieg(e)** : tödlicher Konflikt zwischen Staaten.
2. **getrennt** : nicht zusammen.
3. **im Mittelpunkt** : zentral.

Mileva will mehr. Sie hatten doch einmal zusammen studiert! Hatten sich geliebt!

Sie will seine Partnerin sein, will mit ihm über Physik sprechen. Aber Albert spricht jetzt mit Männern wie Max Planck über seine Gedanken.

1919 lassen sich Albert und Mileva scheiden [1].

Albert liebt Elsa, seine Cousine.

„Sie ist ganz anders als Mileva“, erzählt Albert einem Freund. „Elsa ist gutherzig [2] und mütterlich [3]. Physik interessiert sie nicht. Und ... sie kocht so gut!“

Alberts Krankheit dauert ein Jahr. Elsa ist die ganze Zeit immer für ihn da.

Noch im selben Jahr heiraten Albert und Elsa.

Seit 1918 ist der Krieg vorbei.

Das große Publikum interessiert sich für Einstein und seine Theorie.

Die Zeitungen bringen Artikel über den genialen Berliner Physikprofessor, in Illustrierten kann man sein Foto sehen.

Der Mann mit dem Schnurrbart ist auf der ganzen Welt bekannt.

Ein zweiter Newton, heißt es. Ein neuer Kopernikus.

Was sagt er? Zeit und Raum sind nicht absolut? Rund um die Erde [4] ist das Universum krumm [5]? Wer schnell fährt, kommt

1. **sich scheiden lassen** : juristische Trennung von Verheirateten.
2. **gutherzig** : gut.
3. **mütterlich** : wie eine Mutter.
4. **e Erde** : der blaue Planet.
5. **krumm** : nicht gerade.

jünger zurück? Man versteht Alberts Theorien nicht genau. Das macht nichts. Die Welt ist fasziniert.

Albert arbeitet an seiner Theorie weiter.

Albert schreibt und sucht nach einer neuen, allgemeineren [1] Formel.

Albert versucht zu erklären, wie die Welt und das Universum aussehen.

So wird der Physiker berühmt, so wird er ein Star, zum größten Genie des zwanzigsten Jahrhunderts.

Man ruft ihn an, schickt ihm Einladungen.

In einem Musical in London soll er sich selber spielen.

Eine Einstein-Zigarre kommt auf den Markt.

„Eine Zigarre! Ist das nicht lustig?" fragt Albert seine Frau. „Für die Leute bin ich jetzt so etwas wie eine Primadonna...! Reporter aus aller Welt wollen mich interviewen. Jemand will über mich einen Film machen. Jeder kennt meinen Namen."

Elsa lacht.

Das ist wirklich etwas Neues. Ein Physiker als Star.

1922. Eines Tages bekommt Albert Post. Der Brief kommt aus Schweden. In dem Brief steht, dass Albert Einstein den Nobelpreis für Physik bekommt. Nicht für die Relativitätstheorie, sondern für eine kleinere Arbeit Einsteins über den photoelektrischen Effekt. Die Relativitätstheorie ist dem Komitee [2] in Stockholm noch zu revolutionär.

1. **allgemein** : generell.
2. **s Komitee(s)** : Gruppe, Delegation.

Der Nobelpreis, das heißt: 22.000 Dollar. Einstein nimmt den Preis an. Das Geld schickt er in die Schweiz. Mileva mit den zwei Kindern kann es brauchen.

Im selben Jahr kommt Deutschland in eine schwere Krise. Inflation, Arbeitslosigkeit [1] und Armut [2] – den Menschen geht es schlecht, viele Jahre lang. Sie wollen wissen, warum. Die Kriegskosten, die Reparationen [3], die Krise auf dem Weltmarkt [4].

Ein junger Politiker hat eine einfachere Antwort.

„Es sind die Juden!" sagt er. „Die Juden leben gut, denn sie haben die Banken. Die Juden kontrollieren das Land. Zusammen mit den Kommunisten!"

Viele Menschen glauben, was dieser Mann sagt. Er wird im ganzen Land bekannt, berühmter als Einstein. Adolf Hitler.

Einstein ist, wie jeder weiß, Jude.

Hitler und seine Leute hassen die Relativitätstheorie. „Das ist jüdische Subversion", sagen sie.

Sie wollen eine „deutsche Physik": Zeit und Raum und Universum, das alles soll bleiben, wie es war.

Einstein ist Pazifist. Schon im Ersten Weltkrieg hatte er gegen die deutsche Arroganz und Brutalität protestiert. Einstein will

1. **e Arbeitslosigkeit** : ohne Arbeit sein.
2. **e Armut** : arm sein.
3. **e Reparation(en)** : Geld für Rekonstruktion.
4. **r Weltmarkt("e)** : globaler Markt.

SVERIGE
1 35
E=mc²
EINSTEIN
NOBELPRIS 1921
NOBELSTIFTELSEN
The Nobel Foundation
E=mc

von Generälen und Kanonen, von Marschmusik [1] und Paraden [2] nichts wissen.

„Militarismus ist ein Produkt der menschlichen Dummheit", sagt er.

Die Nationalsozialisten wollen ein starkes Militär. Deutschland soll wieder groß werden. Sie wollen marschieren.

Sie hassen [3] Einstein.

Am Anfang sind nicht viele Deutsche für Hitler. Aber es werden immer mehr.

Auf der Straße und an den Universitäten kommt es zu antisemitischen Demonstrationen.

Einstein hat sich nie für Politik interessiert. Jetzt muss er etwas tun.

1. **e Marschmusik(en)** : Musik für Soldaten.
2. **e Parade(n)** : der Staat zeigt sein Militär, Soldaten marschieren, Panzer fahren.
3. **hassen** : Gegenteil von lieben.

Lesen

1 Was ist richtig (R), was ist falsch (F)?

	R	F
1. Albert geht nicht in den Krieg.	☐	☐
2. Albert arbeitet in dieser Zeit nicht viel.	☐	☐
3. Albert wird krank.	☐	☐
4. Er wohnt mit seiner Familie in der Schweiz.	☐	☐
5. Er lebt mit einer anderen Frau zusammen.	☐	☐
6. 1918 ist der Krieg zu Ende und die Welt beginnt, sich für Alberts Theorien zu interessieren.	☐	☐
7. In Alberts Theorien geht es um die Erde und ums Universum.	☐	☐
8. Albert bekommt den Nobelpreis für seine Relativitätstheorie.	☐	☐
9. 1922 ist Deutschland ein reiches Land.	☐	☐
10. In diesen Jahren ist Hitler noch ganz unbekannt.	☐	☐

2 Was wissen wir über Elsa? Kreuze an, was richtig ist.

1. ☐ Sie ist Alberts Cousine.
2. ☐ Sie ist Physikerin.
3. ☐ Sie studiert mit Albert.
4. ☐ Sie kocht sehr gut.
5. ☐ Sie liebt Albert sehr.
6. ☐ Sie möchte mit Albert über seine Studien sprechen.

3 Albert wird auf der ganzen Welt berühmt. Warum?

1. ☐ Seine Theorien sind faszinierend.
2. ☐ Seine Theorien sind einfach zu verstehen.
3. ☐ Albert wird Schauspieler und kommt in die Kinos.
4. ☐ Albert spricht viel mit den Leuten.

4 Einstein hat jetzt Interesse für Politik. Was ist richtig, was ist falsch?

	R	F
1. Einstein hat sich schon immer sehr für Politik interessiert.	☐	☐
2. Einstein sieht ein, dass er sich jetzt für Politik interessieren muss.	☐	☐
3. Einstein ist gegen Hitler und wird selbst in einer Partei aktiv.	☐	☐
4. Einstein sieht, wie der Antisemitismus immer stärker wird, und will etwas dagegen tun.	☐	☐
5. Einstein sieht, wie die Industrie Hitler hilft, und protestiert dagegen.	☐	☐
6. Einstein spricht vor vielen Menschen über seine Ideen.	☐	☐

Wortschatz

1 Verbinde das Adjektiv mit dem Gegenteil.

1. schwer	a. gut
2. gutherzig	b. gesund
3. krank	c. langsam
4. bekannt	d. böse
5. schnell	e. unbekannt
6. schlecht	f. leicht

2 Welches Wort passt nicht?

1. Universum Welt Erde ~~Geschichte~~
2. Physiker Krieg Soldat Reparation
3. sein annehmen akzeptieren bekommen
4. Film Illustrierte Zeitschrift Zeitung
5. Journalist Reporter Schauspieler Interviewer

3 Setze die fehlenden Substantive ein.

1. Brad Pitt ist ein .... Alle kennen ihn. Alle .... wollen ihn interviewen.
2. Heute gibt es eine .... gegen den Krieg.
3. Ist Einstein deiner Meinung nach der größte .... unseres Jahrhunderts?
4. Deutschland war in einer schweren ....
5. Adolf Hitler spricht gegen .... und ....
6. Die Physiker arbeitet an vielen ....
7. .... ist das Gegenteil von Intelligenz.

Demonstration – Theorien – Juden – Dummheit – Krise – Reporter – Genie – Star – Kommunisten

Grammatik

Die Negation

Im Deutschen gibt es verschiedene Negationen. Welche?
Wir gebrauchen das Partikelwort ***nicht***, wenn wir ein Adjektiv, ein Verb, ein Pronomen oder ein Substantiv mit bestimmtem Artikel negieren.

Ich bin dumm. – Ich bin ***nicht*** *dumm.*
Ich komme. – Ich komme ***nicht.***
Ich kenne dich. – Ich kenne dich ***nicht.***
Ich sehe den Dom. – Ich sehe den Dom ***nicht.***

Wir gebrauchen den Negativartikel ***kein/ keine/ keinen*** etc., wenn wir ein Substantiv mit unbestimmtem Artikel verneinen oder eines ohne Artikel, zum Beispiel im Plural.

Es ist ein Mädchen. – Es ist ***kein*** *Mädchen.*
Es sind Schüler. – Es sind ***keine*** *Schüler.*
Es ist Geld. – Es ist ***kein*** *Geld.*
Er isst Brot. – Er isst ***kein Brot.***

1 **Verneine die folgenden Sätze.**

Einstein wird Soldat. Einstein wird nicht Soldat.

1. Er mag den Krieg.
2. Albert arbeitet viel.
3. Er lebt mit seiner Frau zusammen.
4. In Berlin gibt es viel zu essen.
5. Elsa ist mütterlich.
6. Die Leute interessieren sich für Einstein.
7. Der Physiker wird berühmt.
8. Ist das lustig?

2 **Ergänze mit den Artikeln *der/die/das*, wo nötig (manchmal gibt es mehr als eine richtige Antwort).**

1. In den Zeitungen stehen .... Artikel über die berühmte Person.
2. Deutschland führt .... Krieg.
3. Man schickt dem Physiker .... Einladungen.
4. Eines Tages bekommt Einstein .... Post. .... Brief kommt aus Schweden. Im Brief steht, dass er .... Nobelpreis bekommt.
5. Deutschland hat viele Probleme: .... Inflation und .... Arbeitslosigkeit.
6. Am Anfang sind .... Deutschen nicht für Hitler.
7. Einstein beginnt, sich für .... Politik zu interessieren.

Hören

11 **1** **Höre die Reklamespots. Wofür ist diese Werbung? Schreibe unter das Bild die Dialognummer:**

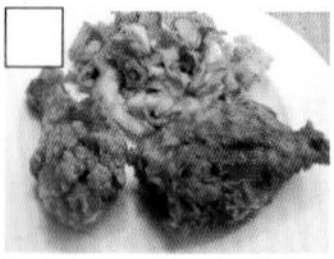
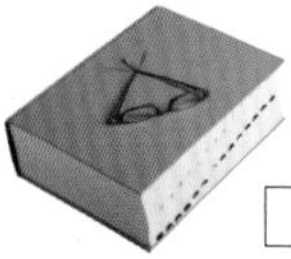

VIEW OF NEW YORK CITY AND NORTH RIVER

KAPITEL **6**

Einstein, der Kämpfer

12 **Die 1920er Jahre**. Berlin ist ein Zentrum der Kultur, der Mode und Musik, aber auch der Wissenschaften.

Einstein arbeitet an seinen Theorien, wie immer. In seiner Freizeit segelt[1] er gern.

Aber Einstein tut nicht nur das.

In diesen Jahren beginnt sein Kampf[2] gegen den Krieg und gegen den Antisemitismus.

Einstein hält Vorträge[3] über Politik.

Man lädt ihn ein. Er reist viel.

In ganz Europa nimmt der Antisemitismus zu[4].

Bei Einsteins Vorträgen gibt es Demonstrationen von antisemitischen Gruppen.

1. **segeln** : mit einem kleinen Schiff ohne Motor mit Hilfe des Windes fahren.
2. **r Kampf("e)** : offener Konflikt.
3. **r Vortrag("e)** : Rede.
4. **zunehmen** : dicker oder größer werden.

„Wenn das so weiter geht“, sagt Einstein zu Philipp Franck, einem Kollegen und Freund, „kann ich als Jude keine zehn Jahre mehr in Deutschland bleiben.“

Seine Frau Elsa hat Angst. „Früher oder später passiert etwas. Musst du immer zu diesen Vorträgen und Konferenzen fahren?“

„Ich muss etwas gegen die Nazis tun“, sagt er. „Ich bin immer noch sehr populär. Die Leute hören auf mich. Gegen den Krieg und gegen die Antisemiten — wer soll es tun, wenn nicht ich?“

Zehn Jahre zuvor [1] hatte Einstein nichts von den Zionisten wissen wollen.

„Ich bin auch Jude“, hatte er gedacht, „aber das ist nicht wichtig. Mit Israel habe ich nichts zu tun.“

Jetzt sieht Albert das anders. „Wir brauchen einen jüdischen Staat. Da haben wir endlich Frieden [2].“

Chaim Weizmann, der Zionistenführer, fährt in die USA. Er will dort Geld sammeln [3]. Er bittet Einstein mitzukommen.

„Wenn wir genug Geld sammeln, können wir in Jerusalem eine Universität gründen“, erklärt er dem Physiker.

Einstein fährt mit dem Schiff nach New York.
Er kommt zum ersten Mal nach Amerika.
Noch auf dem Schiff hört er die Menschen jubeln [4].
Journalisten und Fotografen kommen an Bord.

1. **zuvor** : vorher.
2. **r Frieden** : Gegenteil von Krieg.
3. **sammeln** : zusammen bringen.
4. **jubeln** : applaudieren.

„Einstein! Da ist er! Einstein!"

Albert steht da, die Pfeife [1] im Mund und die Geige in der Hand.

„Siehst du,", sagt Albert zu Elsa, „ich bin wirklich ein Star."

Eine Menschenmasse steht da am Ufer [2].

„Sie lieben dich!" sagt Elsa bewundernd.

Albert lacht. „Sie lieben meine Theorien, aber sie verstehen kein Wort davon."

„Meinst du? Und warum also das alles?"

„Das ist es ja. Sie lassen sich von dem faszinieren, was sie nicht verstehen. Das hat etwas Geheimnisvolles [3]."

Albert und Elsa gehen langsam die Treppe hinunter. Freundlich grüßt Einstein die Menschenmenge [5]. Die Leute klatschen [6] laut.

Einsteins Reise durch die USA ist lang. Er trifft den Multimillionär Rockefeller. Er fährt nach Kalifornien und lernt viele berühmte Menschen aus der Welt des Films kennen. Den Chef von Universal Studios, die Schauspieler Douglas Fairbanks und Charlie Chaplin. Mit Chaplin versteht er sich gut. Sie sprechen auch über die Situation in Deutschland. Wenige Jahre später dreht [7] Chaplin den Film *The Great Dictator*.

1. **e Pfeife(n)** : Instrument zum Rauchen.
2. **s Ufer(-)** : Rand des Flusses.
3. **geheimnisvoll** : mysteriös.
5. **e Menschenmenge(n)** : Masse.
6. **klatschen** : applaudieren.
7. **einen Film drehen** : Regie führen.

Albert sammelt Geld für die Universität Jerusalem und fährt nach Europa zurück.

„Es war eine schöne Reise", erklärt er. „Nur die vielen Reporter und Fotografen stören doch sehr. Da freue ich mich auf meinen Garten, wo ich meine alten Hosen tragen, die Pflanzen betrachten [1] und in Ruhe über physikalische Probleme nachdenken kann."

In der Nähe von Berlin hat Albert sich an einem kleinen See ein Häuschen mit Garten gekauft.

Dort kann er ungestört segeln, im Garten arbeiten und faulenzen.

Aber er ist nicht oft zu Hause.

Er ist viel unterwegs [2]. Nicht als Tourist. Er fährt nicht ans Meer oder in die Berge. Er fährt in fremde Städte und fremde Länder, um dort über den Frieden zu sprechen.

Nichts hasst er so sehr wie den Krieg und das Militär.

„Die Staaten sollen ihr Militär abschaffen [3], dann gibt es keinen Krieg mehr."

Nur wenige akzeptieren Einsteins radikalen Pazifismus.

„Das ist doch utopisch!" sagen sie.

1933. Einstein macht Ferien in Belgien. Im Radio hört er die Nachricht: Hitler ist Reichskanzler [4] geworden.

Bald kommen neue, schlechte Nachrichten aus Deutschland.

1. **betrachten** : konzentriert ansehen.
2. **unterwegs** : nicht zu Hause, auf Reisen.
3. **abschaffen** : etwas tun, damit etwas nicht mehr existiert.
4. **r Reichskanzler** : Chef des Deutschen Staates (1918-1933).

Die Nazis haben auf dem Berliner Opernplatz ein Fest gefeiert.

Sie haben ein großes Feuer gemacht und die Bücher jüdischer, kommunistischer, pazifistischer, sozialistischer und demokratischer Autoren und Autorinnen verbrannt [1].

Karl Marx, Thomas Mann, Alfred Döblin, Arthur Schnitzler ... die Liste ist lang.

Natürlich sind auch Einsteins Bücher unter den verbrannten Büchern.

Einsteins Name steht auf der schwarzen Liste der Nazis.

„Es ist soweit", sagt Albert zu seiner Frau. „Wir müssen weg."

Albert und Elsa Einstein emigrieren in die USA.

Sie kommen nie wieder nach Deutschland zurück.

1. **verbrennen** : durch Feuer vernichten, kaputt machen.

Lesen

1 Was ist richtig (R), was ist falsch (F)?

		R	F
1.	In den Zwanziger Jahren lebt Albert in Berlin.	☐	☐
2.	In diesen Jahren ist er politisch sehr aktiv.	☐	☐
3.	Albert geht oft in Urlaub.	☐	☐
4.	Er kämpft gegen den Antisemitismus.	☐	☐
5.	Er will nach Israel fahren, um dort zu leben.	☐	☐
6.	In den USA lernt Albert nur Politiker kennen.	☐	☐
7.	In den USA studiert Albert mit einigen Physikern.	☐	☐
8.	Albert ist ein Pazifist.	☐	☐
9.	1933 wohnt Albert in Belgien.	☐	☐
10.	Hier hört er, dass Hitler Reichskanzler geworden ist.	☐	☐

2 Als Einstein in die USA fährt, lernt er einige berühmte Leute kennen. Schreibe ihre Namen und Berufe auf.

Name	Beruf
....	....
....	....
....	....

Wortschatz

1 Zu welchem Wortfeld gehören die folgenden Wörter?

Vortrag halten – segeln – faulenzen – nachdenken – Demonstration – Konferenz – Nazi – Staat – im Garten arbeiten – reisen

Freizeit	Politik

2 **Verbinde das Substantiv mit dem richtigen Verb.**

1. Geld	a. gründen
2. einen Kampf	b. verstehen
3. einen Staat	c. beginnen
4. Vorträge	d. sammeln
5. kein Wort	e. halten
6. ein Haus	f. kaufen

3 **Wer sagt was?**

a. ein Pazifist: ....
b. ein Antisemit: ....
c. ein Zionist: ....
d. ein Kommunist: ....

1. Die Juden sind das Böse in unserem Land.
2. Es soll kein Militär mehr geben.
3. Alle Menschen sind gleich und haben gleiche Rechte.
4. Wir müssen einen jüdischen Staat aufbauen.

Grammatik

1 **Lückentext. Wähle die richtige Alternative.**

(1) .... Einstein in Berlin ist, arbeitet er weiter (2) .... seinen Theorien. Aber er sieht, wie der Antisemitismus zunimmt und sagt: „(3) .... das so weiter geht, kann ich als Jude (4) .... zehn Jahre mehr in Deutschland leben.“

Albert, (5) .... viele andere in Deutschland, will er etwas (6) .... die Nazis tun.

Albert fährt (7) .... dem Schiff (8) .... die USA.

(9) .... er ankommt, sieht er viele Leute (10) .... Ufer.

Albert meint, die Leute lieben (**11**) .... Theorie, aber verstehen kein Wort (**12**) ....

Albert lernt viele Leute (**13**) .... der Welt des Films kennen.

1.	**a.** wie	**b.** als	**c.** wann	**2.**	**a.** an	**b.** mit	**c.** zu
3.	**a.** wenn	**b.** als	**c.** wie	**4.**	**a.** nicht	**b.** keine	**c.** nein
5.	**a.** als	**b.** wie	**c.** so	**6.**	**a.** für	**b.** bei	**c.** gegen
7.	**a.** mit	**b.** zu	**c.** auf	**8.**	**a.** nach	**b.** zu	**c.** in
9.	**a.** weil	**b.** als	**c.** wann	**10.**	**a.** am	**b.** im	**c.** auf
11.	**a.** ihre	**b.** seine	**c.** sein	**12.**	davon	**b.** daran	**c.** darauf
13.	**a.** aus	**b.** auf	**c.** an				

Sprechen wir darüber?

Albert Einstein trifft viele wichtige Leute seiner Zeit: Schauspieler, Regisseure, sogar einen Multimillionär.

Und du? Wenn würdest du gern treffen? Welche Prominenten interessieren dich am meisten? Wer sind deine Lieblings-VIPs? Denk mal an Schauspieler, Wissenschaftler, Sportler, Sänger, Schriftsteller, Fotomodelle usw.

Hören

13 FIT2

1 **Höre die drei Radiosendungen und kreuze die richtige Antwort an.**

1. Was war Charlie Chaplin?
   - **A** ☐ ein Schauspieler
   - **B** ☐ ein Regisseur
   - **C** ☐ ein Schauspieler und ein Regisseur

2. Wie heißt der Film?
   - **A** ☐ Charlot
   - **B** ☐ Charlie Chaplin
   - **C** ☐ The Great Dictator

3. Wie lange bleibt/spielt der Film im Kino?
   - **A** ☐ eine Woche
   - **B** ☐ zwei Wochen
   - **C** ☐ drei Wochen

4. Wo finden die Segelkurse statt?
   - **A** ☐ am Meer
   - **B** ☐ an einem Fluss
   - **C** ☐ an einem See

5. Wie lange dauern die Segelkurse?
   - **A** ☐ eine Woche
   - **B** ☐ zwei Wochen
   - **C** ☐ drei Wochen

6. Für wen sind die Kurse?
   - **A** ☐ für Erwachsene
   - **B** ☐ für Erwachsene und Jugendliche
   - **C** ☐ für alle

7. Wie ist Franz Maier nach New York gekommen?
   - **A** ☐ mit dem Flugzeug
   - **B** ☐ mit dem Schiff
   - **C** ☐ mit dem Segelboot

8. Wann?
   - **A** ☐ vor vierzig Jahren
   - **B** ☐ vor fünfzig Jahren
   - **C** ☐ vor sechzig Jahren

9. Um wie viel Uhr ist die Sendung?
   - **A** ☐ um sechs Uhr abends
   - **B** ☐ um acht Uhr abends
   - **C** ☐ um acht Uhr morgens

KAPITEL 7

Einstein wird Amerikaner

Einsteins fahren zum zweiten Mal in die USA. Dieses Mal ist es, um ein neues Leben anzufangen.

Wieder geht es mit dem Schiff nach New York. Von dort nach Princeton.

In Princeton hat Albert Einstein eine Stelle am Institute for Advanced Studies. Das ist eine neues, kleines Elite-Institut für Mathematik und Theoretische Physik.

„Princeton ist ein komisches, kleines Dorf", findet Albert. „Hier wohnen nur Snobs. Einige sehen aus wie Halbgötter[1] auf Stelzen[2]. Aber es ist sehr ruhig."

Das Leben unter Halbgöttern auf Stelzen gefällt Einstein bald schon sehr gut. Es gibt auch einen See in der Nähe, auf dem er segeln kann.

1. **r Halbgott("er)** : zu 50% Gott, zu 50% Mensch.
2. **e Stelze(n)** : Stück Holz unter den Füßen, mit dem man größer aussieht.

In Princeton führt er das ruhige Leben, das er sich immer gewünscht hat.

Als Professor am Institut braucht er keine Vorlesungen zu halten. Ab und zu kommt ein Doktorand und spricht mit ihm über Physik.

Seine Freunde und Kollegen in Deutschland hat Einstein nicht vergessen.

Vielen kann er noch helfen, manche kann er nach Amerika holen.

In Einsteins Haus trifft sich oft eine Gruppe von Freunden, die zusammen Musik machen.

Einsteins Frau Elsa stirbt [1] nach drei Jahren in Princeton. Aber Albert ist nicht allein.

Seine Sekretärin Helen Dukas wohnt bei ihm und hilft ihm bei allen praktischen Problemen.

Einstein wird auch in Princeton bald zur Legende.

Er trägt noch immer keine Strümpfe, auch im Winter nicht. Seine Hosen sind immer noch zu kurz.
Seine Haare sind weiß geworden. Er trägt sie jetzt lang.

Jacken will er nicht mehr anziehen: „zu unbequem." Im Winter sind lange, dicke Pullover besser.

Nachdenklich geht er durch die Straßen der kleinen Stadt und vergisst manchmal, wo er wohnt.

„Entschuldigen Sie", soll er einmal einen Studenten gefragt

1. **sterben** : das Leben beenden.

haben, „wissen Sie vielleicht meine Adresse? Ich habe vergessen, wo ich wohne."

Er fährt auch gerne Rad.
Auto fahren kann er nicht.
„Auto fahren? Das ist mir zu kompliziert", hat er gesagt.

Albert Einstein

Bei offiziellen Empfängen [1] langweilt er sich. Er hört nicht, was die Redner [2] sagen. Er denkt nach und schreibt auf ein Stück Papier, oder auf das Festprogramm. Das ist auch nicht anders, als man ihn selbst feiert, Albert Einstein.

Der Redner spricht über ihn. Er hört nicht zu. Der Redner beendet [3] seine Rede. Alle stehen auf und klatschen. „Stehen Sie auf“, sagt die Sekretärin. Einstein steht auf, lächelt und klatscht auch, wie die anderen. „Die Leute applaudieren Ihnen!“ informiert ihn die Sekretärin. Einstein klatscht nicht mehr. Er lächelt und setzt sich wieder.

Die Amerikaner lachen über Einstein, aber sie lieben und bewundern ihn auch.

Ist er nicht am Ende Amerikaner?

Das Jahrhundertgenie ist aus dem Land der Nazis nach Amerika gekommen, um hier in Freiheit leben zu können.

Albert ist den Amerikanern für sein ruhiges und komfortables Leben in Princeton dankbar [4].

Er weiß, was in der Welt passiert, wie viele Menschen in Europa, in Asien, in Afrika, an der Front und zu Hause im Krieg umkommen [5].

Zusammen mit der Sowjetunion und Großbritannien führt Amerika Krieg gegen Deutschland.

Gegen die Nazis geht es nicht anders. „Dieses Mal gibt es keine Alternative zum Krieg“, sagt Einstein, der Pazifist.

1. **r Empfang("e)** : (*hier*) formelles Fest.
2. **r/e Redner/in** : Person, die eine Rede hält.
3. **beenden** : nicht weitermachen.
4. **dankbar** : voll Dank.
5. **umkommen** : sterben.

Lesen

1 Was ist richtig (R), was ist falsch (F)?

		R	F
1.	Einsteins fahren in die USA, um das Land zu besichtigen.	☐	☐
2.	Einstein hat eine Stelle in Princeton.	☐	☐
3.	Alberts Frau stirbt.	☐	☐
4.	Albert wohnt ganz allein.	☐	☐
5.	Albert hat in Princeton keine Freunde.	☐	☐
6.	Bei offiziellen Empfängen langweilt er sich.	☐	☐
7.	Bei offiziellen Empfängen spricht er viel.	☐	☐
8.	Albert ist noch ein Pazifist.	☐	☐
9.	Die Amerikaner lieben Albert.	☐	☐
10.	Albert fühlt sich wohl in Princeton.	☐	☐

2 Warum wird Albert Einstein bald auch in Princeton zur Legende? Ergänze die folgenden Sätze.

1. Albert trägt .... und seine Hosen sind immer ....
2. Manchmal vergisst er ....
3. Ist Einstein für die Amerikaner ein Ausländer oder selbst ein Amerikaner? ....
4. Er fährt kein Auto. Er sagt, dass ....
5. Bei offiziellen Reden hört er nicht zu und wenn alle klatschen, versteht er nicht, dass .... und er ....

Wortschatz

1 Lückentext. Wähle die richtige Alternative.

Ich bin zum zweiten (1) .... nach Amerika gefahren. Dort hat es uns (2) .... gefallen. Ich wohne jetzt in einem kleinen (3) .... Hier (4) .... ich oft eine Gruppe von Freunden. Meine Haare (5) .... weiß ...., aber ich (6) .... sie noch lang.

1. a. Monat	b. Zeit	c. Mal
2. a. sehr	b. viel	c. gar
3. a. Land	b. Staat	c. Dorf
4. a. finde	b. treffe	c. kenne
5. a. sind ...gewesen	b. sind ...geworden	c. sind ...bekommen
6. a. trage	b. ziehe ...an	c. ziehe

2 Verbinde das Adjektiv mit dem Gegenteil.

1. ruhig	a. dünn
2. komisch	b. schwarz
3. praktisch	c. lang
4. kurz	d. normal
5. weiß	e. lebendig
6. dick	f. theoretisch

3 Ergänze die Nationalität oder das Land.

Amerika	....
....	Deutscher/e
Italien	....
Frankreich	....
....	Österreicher
Schweiz	....

Grammatik

Perfekt

Das Perfekt bilden wir mit dem Partizip des Verbs und den Hilfsverben *haben* oder *sein*. Dieses Partizip steht dann am Ende des Satzes.
Die meisten Verben bilden das Perfekt mit *haben*.

Ich ***habe*** *geschlafen.*
Er ***hat*** *gearbeitet.*

- Bewegungsverben ohne Objekt, zum Beispiel *laufen, gehen, fliegen, stehen* mit dem Hilfsverb *sein*.

Ich ***bin*** *nach Deutschland gekommen.*
In den Ferien ***bin*** *ich in die Türkei gefahren.*

Dann gibt es noch eine Gruppe von Verben, die im Perfekt mit *sein* stehen: *sein, werden, bleiben, sterben, aufwachen, einschlafen ...*

1 Setze die Sätze ins Perfekt.

Sie fahren in die USA. → *Sie sind in die USA gefahren.*

1. Sie fangen ein neues Leben an.
2. Das Leben gefällt ihm.
3. In Princeton führt er ein ruhiges Leben.
4. Ein Doktorand spricht mit ihm über Physik.
5. Einstein vergisst seine Freunde in Deutschland nicht.
6. Er trifft sich oft mit einer Gruppe von Freunden.
7. Er fährt gern Rad.
8. Er langweilt sich bei offiziellen Empfängen.
9. Er hört nicht zu.
10. Alle stehen auf.

2 Diese Sätze stehen im Perfekt. Setze sie ins Präsens.

Wir haben an den Theorien gearbeitet. → *Wir arbeiten an den Theorien.*

1. Er hat einen Kampf begonnen.
2. Wir sind viel gereist.
3. Es hat viele Demonstrationen gegeben.
4. Sie sind mit dem Schiff gefahren.
5. Ihr habt viele Leute getroffen.
6. Ich habe mir ein Haus gekauft.
7. Schreckliche Sachen sind passiert
8. Einige Reporter haben uns gestört.
9. Sie haben viel über die Situation in Deutschland gesprochen.
10. Er hat zugehört.

Hören

15 **1 Spiel mit! Im folgenden Quiz geht es um berühmte Leute, die zu Beginn des Zwanzigsten Jahrhundert gelebt haben. Höre den Text zweimal.**

Namen	Länder	Berufe
1. Mahatma Gandhi	....	....
2. Marie Curie	....	....
3. John D. Rockefeller	....	....
4. Greta Garbo	....	....
5. Mata Hari	....	....
6. Al Capone	....	....

KAPITEL **8**

Die Atombombe

16 **1938. Otto Hahn, ein alter Freund von Albert**, und Fritz Strassmann machen ein Experiment.

Sie wollen einen Atomkern [1] spalten [2]. Es klappt [3].

Es wird Energie frei. Sehr viel Energie.

Die beiden Physiker arbeiten in Berlin. Für Hitler.

Einstein hört von dem Experiment und denkt, wie viele Physiker: dann kann man eine Bombe bauen. Aber wie? Das Konstruktionsprinzip ist noch nicht klar.

Im Juli des Jahres 1939 besucht der Physiker Leo Szilard Einstein in seinem Ferienhaus auf Long Island.

Szilard erklärt Einstein das Prinzip der Kettenreaktion [4].

1. **r Atomkern(e)** : Neutronen und Protonen.
2. **spalten** : in Stücke schlagen, kaputt machen.
3. **es klappt** : es funktioniert.
4. **e Kettenreaktion(en)** : Reaktion, die immer weiter geht und immer stärker wird.

„Bei jeder Kernspaltung werden drei Neutronen frei und können drei Kerne spalten. Erst eins, dann drei, dann neun, siebenundzwanzig, einundachtzig. Die Neutronen sind am Anfang zu schnell, wir müssen sie verlangsamen [1], aber ..."

„... das ist die Bombe", weiß Einstein. „Wir müssen etwas tun."

Einstein schreibt einen Brief an den Präsidenten der Vereinigten Staaten von Amerika, Franklin D. Roosevelt.

„Die Deutschen können eine neue Bombe bauen", schreibt er. „Diese Bombe ist stärker als alle Bomben in unseren Arsenalen zusammen genommen. Amerika muss diese Bombe auch bauen."

Der Präsident reagiert sofort.

Er ruft das Manhattan-Projekt ins Leben [2].

„Die Deutschen können die Atombombe bauen? Dann können wir das auch. Und wir müssen schneller sein."

Viele emigrierte Physiker arbeiten mit: Enrico Fermi aus dem faschistischen Italien, Eduard Teller und Rudolf Oppenheimer aus dem nationalsozialistischen Deutschland.

Amerika: die freie Welt muss den Krieg gegen die Nazis gewinnen.

Gegen Deutschland, gegen Italien, gegen Japan.

Albert bleibt in Princeton.

Für das Manhattan-Projekt ist er zu alt.

Um Geld zu sammeln, schreibt er einen seiner Artikel über die

1. **verlangsamen** : langsamer machen.
2. **ins Leben rufen** : gründen.

Leo Szilard

Relativitätstheorie mit der Hand ab [1].

Bei einer Auktion [2] bezahlt jemand sechs Millionen Dollar für dieses Dokument.

Das Geld schenkt Einstein den Vereinigten Staaten von Amerika. „Das ist mein Beitrag [3] für den Krieg gegen Hitler", sagt er.

Am 8. Mai 1945 kapituliert Deutschland. Aber der Krieg gegen Japan geht weiter.

Am 6. August fliegen zwei amerikanische Flugzeuge über Hiroshima und Nagasaki.

Zwei Bomben fallen auf die beiden Städte. Es gibt mehr als zwei Millionen Tote.

Der Zweite Weltkrieg ist zu Ende.

Albert Einstein erklärt: „Ich habe nie an der Atombombe gearbeitet, überhaupt [4] nicht. Ich habe mit der Bombe so viel oder so wenig zu tun wie jeder andere auch. Vielleicht ein kleines bisschen mehr."

In den letzten Jahren seines Lebens ist Albert Einstein oft krank.

Er arbeitet weiter. Er ist auf dem Weg zu einer neuen, noch allgemeineren Theorie.

Das Parlament des neuen Staates Israel will Einstein zum

1. **abschreiben** : kopieren.
2. **e Auktion(en)** : wer am meisten bezahlt, bekommt das Objekt.
3. **r Beitrag("e)** : was eine Person gibt.
4. **überhaupt nicht** : gar nicht.

Staatspräsidenten machen. Aber das ist nichts für ihn.
„Von Menschen verstehe ich nichts", antwortet er.

Seine letzte Theorie wird nicht mehr fertig.
Am 18. April 1955 stirbt Albert Einstein in Princeton.
„Ich habe meine Sache hier getan", sollen seine letzten Worte gewesen sein.

Lesen

1 Was ist richtig (R), was ist falsch (F)?

		R	F
1.	Einstein macht Experimente mit der Kernspaltung.	☐	☐
2.	Der Physiker Leo Szilard erklärt Albert, wie man die Bombe bauen könnte.	☐	☐
3.	Szilard und Einstein schreiben einen Brief an Präsident Roosevelt.	☐	☐
4.	Im Brief sagen sie, dass Deutschland eine Atombombe bauen kann.	☐	☐
5.	Albert fährt nach New York und bis zum Ende des Krieges wohnt er in dieser Stadt.	☐	☐
6.	Um Geld zu sammeln schreibt Albert noch einmal die Relativitätstheorie mit der Hand ab.	☐	☐
7.	Albert ist in den letzten Jahren seines Lebens oft krank.	☐	☐
8.	Er will Staatspräsident Israels werden.	☐	☐
9.	Er stirbt im Jahr 1955 in Princeton.	☐	☐
10.	Er ist mit allen seinen Theorien fertig.	☐	☐

2 Wer arbeitet am Manhattan-Projekt? Kreuze die richtigen Namen an:

Eduard Teller – Albert Einstein – Enrico Fermi – Leo Szilard – Otto Hahn – Rudolf Oppenheimer

3 Was sind die wichtigsten historischen Ereignisse dieser Zeit? Ergänze die Sätze.

1. Im Mai 1945 ....
2. Am 6. August 1945 ....
....
....

Wortschatz

1 Welche von diesen Wörtern haben gehören zum Wortfeld *Physik*?

Atombombe – Theorie – Kern – Experiment – Energie – Weg – Parlament – Neutronen – Brief – Ferienhaus – Kettenreaktion – Relativitätstheorie – Staat

2 **Schreib wenigstens fünf Wörter, die mit der Atombombe zu tun haben:**

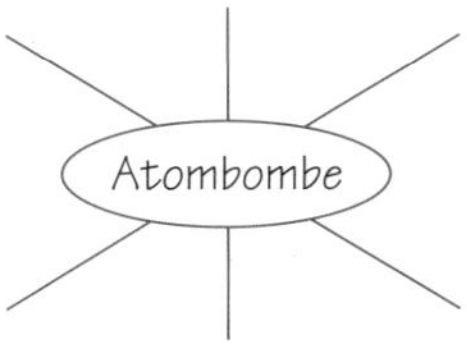

3 **Verbinde das Substantiv mit dem richtigen Verb.**

1. Bombe	**a.** ins Leben rufen
2. Krieg	**b.** fliegen
3. Auktion	**c.** erklären
4. Projekt	**d.** gewinnen
5. Flugzeug	**e.** bauen
6. Prinzip	**f.** verkaufen

Grammatik

1 Ergänze die Adjektivendung (wo nötig).

Otto Hahn ist ein alt.... Freund von Einstein und macht jetzt ein schwierig.... Experiment. Das Resultat ist eine gefährlich.... Bombe. Einstein fragt sich: „Ist es denn möglich.... eine Atombombe zu bauen?" Er schreibt, zusammen mit Leo Szilard, einem ander.... Physiker, einen Brief an den amerikanisch.... Präsidenten Roosevelt. Roosevelt ruft ein Projekt ins Leben; an diesem geheimnisvoll.... Projekt arbeiten wichtig.... Physiker, die auch aus dem faschistisch.... Italien und aus dem nationalsozialistisch.... Deutschland kommen.

2 Ergänze mit der richtigen Adjektivendung.

1. Einstein sagt, dass er mit der Bau der schrecklich.... Bombe nichts zu tun hat.
2. Er ist auf dem Weg zu einer neu.... Theorie, aber er hat jetzt groß.... gesundheitlich.... Probleme.
3. Das Parlament des neu.... Staates Israels will Einstein zum Staatspräsidenten machen.
4. Als Albert stirbt, ist seine letzt.... Theorie nicht fertig.
5. Die ganz.... Welt erinnert sich an Albert Einstein, das größt.... Genie des 20. Jahrhunderts.

Hören

17 **1 Ein Dialog zwischen Michael und Franziska. Was ist richtig (R), was ist falsch (F)?**

	R	F
1. Michael hat noch nicht für Geschichte gelernt.	☐	☐
2. Es geht um den Zweiten Weltkrieg.	☐	☐
3. Sie sollen auch ein Stück aus der Biografie Hitlers lesen.	☐	☐
4. Es geht um Hitler als Reichskanzler.	☐	☐
5. Beide finden es gar nicht interessant.	☐	☐

Frauen in der *Wissenschaft*

Albert studiert mit Mileva zusammen Physik. Es ist Anfang des Zwanzigsten Jahrhunderts keine Neuheit mehr, dass eine Frau Physik oder Mathematik studiert. Aber noch ist es die Ausnahme, und nach dem Studium haben Frauen an der Universität und in der Forschung mit großen Problemen zu kämpfen.

1939. Albert hört von Otto Hahns und Fritz Strassmanns Experiment. Woher kommt die Information? Die Physikerin **Lise Meitner** (1878-1968) hat in Stockholm einen Artikel über das Experiment geschrieben und genau erklärt, was dort passiert war. Warum sie? Nun, Lise Meitner hatte lange Jahre mit Otto Hahn zusammen Experimente um die Kernspaltung gemacht. Sie arbeiteten im Keller des Kaiser-Wilhelm-Instituts in Berlin. Im Keller, denn eine Frau durfte nicht in den normalen Labors arbeiten.

Seit 1926 war sie dann auch Professorin in Berlin. Aber im Jahre 1933 hat sie in Deutschland nicht weiterarbeiten dürfen, sie war nämlich Jüdin. Lise Meitner ist nach Schweden emigriert, wo sie Professorin wurde. Otto Hahn hat 1946 den Nobelpreis bekommen, Lise Meitner nicht. Sie war ja nicht mehr dabei gewesen.

Maria Goeppert-Mayer (1906-1972) hat in Göttingen Physik studiert und ist dann nach Amerika emigriert. Dort hat sie ein neues Modell für den Atomkern entwickelt und hat, zusammen mit Hans Jensen und Eugene Wigner, 1963 den Nobel-Preis für Physik erhalten.

Emmy Noether (1882-1935) war, so sagen Mathematiker, eine der größten Mathematikerinnen aller Zeiten. In Deutschland war sie 1922 Honorarprofessorin geworden und durfte Vorlesungen halten, allerdings ohne Bezahlung. 1933 verlor sie auch diese Stelle und ging in die USA.

Ruth Moufang (1905-1977) war die erste Frau mit Doktortitel in Mathematik, die in der Industrie Arbeit fand – denn an der Universität ließen die Nazis sie nicht weiterarbeiten, weil sie eine Frau war. 1946 wurde sie die erste Mathematikprofessorin an einer deutschen Universität.

Für diese Frauen war die Situation in Deutschland immer sehr schwierig gewesen. Als die Nationalsozialisten 1933 an die Macht kamen, war für sie – als Jüdinnen, als Frauen – die Karriere zu Ende. Frauen hatten in der Wissenschaft nichts zu suchen. Erst nach dem Zweiten Weltkrieg wird die Lage in Deutschland besser. Aber noch heute sind weniger als zehn Prozent der Professoren in Deutschland Frauen.

1 Im und um den Text herum.

1. Warum hat Lise Meitner nicht mit anderen Physikern im Labor arbeiten dürfen?
2. In welche Länder sind Meitner, Noether und Goeppert-Mayer emigriert?
3. Was ist im Jahre 1933 in Deutschland passiert?
4. Wo und als was durften Frauen unter den Nazis nicht arbeiten?

Historisches – Kannst du's dir denken?

1. Was sollten Frauen der nationalsozialistischen Idee zufolge vor allem tun?
2. Warum sind die Wissenschaftlerinnen nicht nach Italien, nach Spanien oder in die Türkei emigriert?

Sollte sich das ändern? Wie kann sich das ändern? Wie lange kann das noch dauern?

Recherche

1 Die folgenden beiden Themen kannst du mithilfe von Informationen bearbeiten, die du im Internet findest. Halte ein kurzes Referat oder stelle ein Poster mit Fotos und biographischen Daten in der Klasse vor.

1. Die Lage der Frauen an den Universitäten deines Landes.
2. Marie Curie war eine arme Immigrantin in Frankreich. Sie war eine Frau, und doch hat sie es geschafft. Sie hat zweimal den Nobelpreis bekommen. Auch ihre Tochter ...

1 Ergänze die Biografie von Einstein mit den unten aufgelisteten Worten.

Albert Einstein wurde im März 1879 in .... in Deutschland geboren. Im folgenden Jahr zieht seine Familie nach .... um. Albert besucht die Schule, aber er lernt Mathematik bei seinem .... und bei einem Medizinstudenten, ... Im Jahr 1894 fährt sein Familie nach ....
Albert bleibt erst in ...., kommt aber im folgenden Jahr auch nach .... Er will an der .... studieren, aber er schafft die Prüfung nicht. 1895 besucht er die letzte Klasse des schweizerischen Gymnasiums. 1897 beginnt er das Studium in Zürich. Nach vier Jahren wird er damit fertig. 1903 heiratet er .... Als er mit der Universität fertig ist, findet er eine Stelle am .... in Bern.
.... veröffentlicht er seine berühmte Studien.
1913 bekommt er von einem berühmten Physiker, ... ein Angebot: eine Stelle als Direktor des Kaiser-Wilhelm-Instituts in .... Einstein akzeptiert. Er bleibt in Berlin bis ...., als Hitler an die Macht kommt. In dieser Zeit studiert er und kämpft gegen den Krieg.
1921 bekommt Einstein den .... für Physik.
Einstein emigriert in ....
1939 schreibt er einen berühmten Brief an den amerikanischen Präsidenten Roosevelt; das Thema: ....
1955 stirbt er in ....

Technische Universität Zürich – Mileva Maric – die USA – Nobelpreis – Berlin – Princeton – Max Planck – 1933 – Italien – Patentamt – Onkel Jakob – Max Talmey – München (2) – Ulm – Italien – 1905 – die Atombombe

2 **Wiederholen wir einige Worte und Strukturen, die du aus unserem Buch kennst.**

Einsteins Hobbys. Setze die richtigen Verben ein.

Einstein schreibt nicht nur über Physik. Er .... auch Geige, ... die Zigarre und .... auch gern. Als er jung ist, ... er von Pavia nach Genua, aber dann auch mit seiner Frau zusammen am Comer See.
Als er in Princeton lebt, ... er oft ....

fährt Fahrrad – spielt – wandert – singt – raucht

Einstein und die Schule. Setze die richtigen Substantive ein.

Einstein mag die Schule nicht. Er findet, sie ist langweilig und wie eine .... Unter seinen Schulkameraden hat er keine .... und ist nicht in allen .... gut. Mit sechzehn verlässt er die Schule mit einem Dokument vom ....
In der Schweiz muss er noch ein Jahr .... besuchen, um sich an der Universität einschreiben zu können.

Schuldirektor – Fächern – Gymnasium – Freunde – Kaserne

Einstein und die Arbeit. Ergänze mit den richtigen Adjektiven (dekliniert, wo nötig)

Einstein schreibt viel, sein .... Leben lang. 1905 veröffentlicht er drei Artikel, die .... sind. Langsam wird Albert in der Physik ....
In Berlin arbeitet er mit .... Physikern wie Otto Hahn.
Seine Relativitätstheorie wird überall bekannt; darüber sagt er: „Meine Theorien sind für sie ...., deshalb mögen sie sie.“

geheimnisvoll – ganz – wichtig – berühmt – revolutionär

Einstein und die Liebe. Ergänze mit den richtigen Präpositionen.

.... Jahr 1903 heiratet Albert Mileva. .... ihr bekommt er zwei Kinder. Mileva ist eine Physikerin, aber sie arbeitet nicht .... ihrem Mann. Sie bleibt .... Hause und kümmert sich um die Kinder. Mileva ärgert sich ....Albert. In Berlin lässt er sich ..... Mileva scheiden. Albert heiratet dann seine Cousine, ... der er in die USA fährt.

zu – mit (2) – im – über – von (2)

Lösungen

Biografie
Ulm, München, Onkel Jakob, Max Talmey, Italien, München, Italien, Technische Universität Zürich, Mileva Maric, Patentamt, 1905, Max Planck, Berlin, 1933, Nobelpreis, die USA, die Atombombe, Princeton,

Einsteins Hobbys
spielt, raucht, singt, wandert, fährt... Fahrrad

Einstein und die Schule
Kaserne, Freunde, Fächern, Schuldirektor, Gymnasium

Einstein und die Arbeit
ganzes, revolutionär, berühmt, wichtigen, geheimnisvoll

Einstein und die Liebe
Im, von, mit, zu, mit, von, mit